A. Zimmermann

Backofenbau

Zusammenstellung der Seiten 27-102 und 239-310 aus:
A. Zimmermann; Die Bäckereimaschinen und Backöfen

REPRINT - VERLAG
LEIPZIG

Die zum Teil geminderte Druckqualität ist auf den
Erhaltungszustand der Originalvorlage zurückzuführen.

Bibliographische Information der Deutschen Nationalbibliothek
Die Deutsche Nationalbibliothek verzeichnet diese Publikation in der
Deutschen Nationalbibliographie; detaillierte bibliographische
Daten sind im Internet über www.d-nb.de abrufbar.

Volker Hennig, Goseberg 22-24, 37603 Holzminden
www.reprint-verlag-leipzig.de
ISBN 978-3-8262-2604-5
ISBN 3-8262-2604-6

Neu zusammengestellter Reprint der Originalausgabe von ca. 1929
nach dem Exemplar des Verlagsarchives

Lektorat: Andreas Bäslack, Leipzig
Gesamtherstellung: PögeDruck, Leipzig

A. Allgemeine Geschichte der Brotbereitung.

Wenn der Bürger so recht gemütlich am Frühstückstische sitzt und mit Behagen seine weißen Semmel und das schmackhafte Weißbrot verzehrt, so ahnt er gewiß nicht, was alles dazu gehört, um ihm sein täglich Brot zu backen und erst recht nicht, wieviel Zeit und Mühe es schon gekostet hat, um die dazu gehörigen Einrichtungen, von den kleinsten Anfängen an bis zu den heutigen modernen Maschinen, zu entwickeln.

Der moderne Bäckereibetrieb erscheint allen so selbstverständlich, als ob es schon immer so gewesen wäre. Und doch ist es im Verlaufe der Menschheitsgeschichte nur eine kurze Zeitspanne, seitdem unser heutiges Brot bekannt ist, und nicht viel weiter zurück liegt die Zeit, in der unsere Vorfahren noch ihren Mehlbrei aßen, welcher ihnen sicher nicht fertig zubereitet vor die Türe gesetzt wurde.

Um die Errungenschaften des modernen Bäckereigewerbes in ihrem vollen Umfange und in ihrer vollen Bedeutung würdigen zu können, ist es in erster Linie wichtig, den gesamten Entwicklungsgang von seinen Uranfängen an bis in die Gegenwart hinein genauer zu verfolgen und einer kritischen Betrachtung zu unterziehen. Es handelte sich hierbei ja nicht darum, das Brot zu erfinden, oder eine zweckmäßige Methode zur Brotherstellung zu ersinnen, nein, im Gegenteil, es wußte noch niemand etwas von Brot und nur der Zufall führte schrittweise zu einem Erzeugnis, welches wir vielleicht als den Vorläufer des Brotes im eigentlichen Sinne ansprechen dürfen. Wer aber dieses erste Brot gebacken hat, das wissen wir heute noch nicht, werden es wohl auch nie erfahren.

Vorgeschichtliche Zeit.

Blicken wir zurück bis in die graueste Vorzeit, da sehen wir den Menschen, der mit dem Steinbeile nach wilden Tieren jagt und wildwachsende rohe Früchte ißt. Von Brot oder brotähnlichen Speisen jedoch noch keine Spur. Erst in der jüngeren Steinzeit war durch den auftretenden Feldbau die Möglichkeit der Brotbereitung gegeben. Vielleicht hat jemand wildwachsende oder durch planmäßigen Anbau gewonnene Kornfrüchte zerquetscht oder zerbrochen mit Wasser zu einem Brei angerührt, um die harten Körner dadurch weicher und genießbarer zu machen und kam bald nach der zufälligen Feststellung, daß trocken gewordene Ueberreste eines solchen groben Mehlbreies schmackhaft waren, auf den Gedanken, diese Trocknung absichtlich herbeizuführen. Wurden nun derartige, unter Umständen sogar vorgeformte Mehlkuchen zum schnelleren Antrocknen auf heiße Steine oder in heiße Asche gelegt, um so ungewollt zu einem noch schmackhafteren Erzeugnis zu kommen, so war ohne Zweifel dadurch der erste Grundstein zu einer planmäßigen Bäckerei gelegt. Bei vorgeschichtlichen Pfahlbauten in der Schweiz hat man fingerdicke, von außen verkohlte Scheiben gefunden, welche wohl als Vorläufer des Brotes anzusprechen sei dürften, denn bei der mikroskopischen Untersuchung ließen sich einwandfrei ganze und auch zerbrochene Kornkörner nachweisen. Im Anschluße an die Entdeckung des künstlichen Trocknens von Mehlkuchen waren zur bequemeren Wiederholung des Vorganges leicht passende Steine (sogenannte Hirtsteine) gefunden, auf welchen der Pfahlbaummensch in Zukunft seinen mit Wasser angerührten Mehlbrei röstete, denn von eigentlichem Backen konnte hier noch nicht die Rede sein.

Dieser Hitstein wurde damit zum ersten Vorläufer des Backofens. Diese primitive Art der Brotherstellung hat sich immer weiter verbreitet und Jahrtausende hindurch erhalten.

Alte Kulturen.

Mit allerdings schon bedeutend verbesserter Ofenform finden wir das gleiche Herstellungsverfahren bei den alten Griechen wieder. Abbildung 1 zeigt uns eine Frau, welche mit der Brotbäckerei beschäftigt ist. Bemerkenswert ist dabei die Form des Backofens, welcher zur besseren Warmhaltung mit einer Lehmhaube versehen wurde. Solche aus Mehlbrei hergestellten Brotscheiben müssen, begünstigt durch die immer feiner werdende Zerreibung der Getreidekörner, doch wohl

Abbildung 1: Brotbackende Frau. Terrakotta aus Tanagra, im Louvre Museum, Paris.

recht hart gewesen sein, denn von den alten Griechen wird berichtet, dass sie diese Brotscheiben während der Mahlzeiten zunächst als Teller benutzten, und letztere nachher als willkommene Nachspeise verzehrten.

Obgleich diese Art der primitiven Brotherstellung bis auf etwa 10000 Jahre vor unserer Zeitrechnung zurückführt, gibt es trotzdem noch heutigen Tages eine ganze Reihe von Naturvölkern und, was kaum wahrscheinlich klingt, auch Kulturvölkern, welche ihr Brot noch ingleicher Weise zubereiten, wie es damals zu alten Zeiten üblich war. Die Landbevölkerung in Persien und Armenien röstet dünne, ungesäuerte Mehlfladen auf heißgemachten Steinen, und in ganz ähnlicher Weise machen es auch heute noch die Indianer im südlichen Amerika. Selbst die bulgarischen und serbischen Bauern kennen nur Maismehlkuchen, die auf heissen Platten gebacken werden. Soll man sich noch wundern, wenn die reinen Naturvölker lieber geröstete Bananen essen, um kein Brot backen zu brauchen?

Aus Ueberlieferung ritueller Gebräuche kennen wir heute in hochkultivierten Ländern noch einen Ueberrest der Urbrotform, in dem aus ungesäuertem Teige hergestellten jüdischen Mazzen. Damit ist aber nicht gesagt, daß dieses die gewöhnliche Brotform der Israeliten war, im Gegenteile, die Israeliten gehörten mit zu den ersten Völkern, welche das Gärverfahren benutzten, denn wahrscheinlich hat schon Moses die Kenntnis des Sauerteiges aus Ägypten mit nach Palästina gebracht.

Die Entdeckung des Sauerteiges ist sicher auch einem Zufalle zu verdanken, indem möglicherweise ein im voraus bereiteter Mehlteig durch den Einfluß von in der Nähe stehenden gärenden Flüssigkeiten (denn den Ägyptern war die Bierherstellung nicht unbekannt) sauer und dadurch auch lockerer wurde. Die Erfahrung, daß sauer gewordener Mehlteig ein bekömmlicheres und lockeres Brot erzeugte, legte es nahe, den Teig von vornherein mit Rückständen gärender Flüssigkeiten zu vermischen. In diesem zufällig gefundenen Verfahren ist unser heutiger Hefegärprozeß in einfachster Form unschwer wieder zu erkennen.

War in dieser Weise eine erheblich bessere Teigherstellung möglich, so suchte man, wie bereits erwähnt, auch vor allem die Backmöglichkeit zu verbessern. Bei der in Blüte stehenden Töpferkunst wares ein Leichtes, den bekannten Hitstein mit einem (meistens kegelförmigen) Aufbau zu versehen, dessen Innenraum zwar nicht als Backraum, sondern als Feuerraum diente. Die Mehlfladen wurden außen auf dem Dache des Ofens ausgebreitet und gebacken. In späterer Zeit wurde der Hohlraum des abgedeckten Ofens durch ein Holzfeuer geheizt und der Teig darauf in den vorher ausgeräumten Ofen eingeschoben. Damit haben wir schon den ersten Einschießbackofen vor uns.

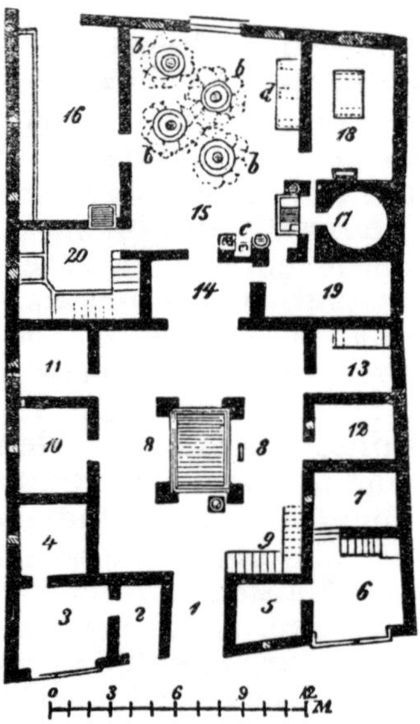

Abbildung 2:
Grundriß einer Bäckerei in Pompeji.

Altertum.

Ueber Griechenland fand der Sauerteig seinen Weg nach Italien, und Rom führte jetzt die Bäckerei zur vollen Blüte, einmal durch weitere Verbesserungen im Backofenbau und nicht zuletzt durch die Einführung der berufsmäßigen Brotherstellung. Sichere Kunde des altrömischen Bäckereiwesens ist uns durch die Ausgrabung von vollständigen Bäckereien im alten Pompeji vermittelt worden. Abbildung 2 zeigt uns den Grundriß einer solchen Bäckerei mit den dazu gehörigen Wohnräumen und der nach hinten gelegenen Backstube (15). In dieser befinden sich auch noch vier Kegelmühlen, da in jener Zeit der Bäcker noch selbst sein Mehl herstellen mußte. Bemerkenswert ist die an einer Seite angeordnete Zisterne (c) mit den Wassergefäßen aus Ton, gleich neben dem Backofen (17). Offenbar wurde

Abbildung 3: Bäckerei in Pompeji.

schon damals das halbgare Brot mit Wasser befeuchtet, um die Rinde glänzender zu machen und die Schmackhaftigkeit zu erhöhen. Unsere Abbildungen 3 und 4 zeigen weitere Ansichten von Bäckereien des alten

Pompeji in ihrer heutigen Gestalt nach der Ausgrabung. Bei Abbildung 4 sieht man im Vordergrunde besonders deutlich den unteren Mahlstein einer Kegelmühle; der obere Teil, in welchen das Korn hineingeschüttet wurde und der von Eseln oder Pferden gedreht wurde, ist wohl nicht mehr aufgefunden worden. An alten Denkmälern und Fresken in Rom finden sich weiter zahlreiche Reliefs, welche die damalige Brotherstellung in allen Einzelheiten zum Gegenstande haben. Die Reliefs unserer Abbildungen 5 und 6 (Siehe nächste Seite) stammen vom Grabmale des römischen Bäckers Virgilius Eurysaces und sind für uns außerordentlich

Abbildung 4: Bäckerei in Pompeji.

lehrreich. Einmal beweist die reichhaltige Ausstattung des Grabes, daß dieser Mann sicher in bedeutendem Wohlstande gelebt hat und zweitens, daß die Backkunst in jener Zeit eine sehr große Rolle spielte, groß genug, um sie in unvergänglichen Bildern der Nachwelt zu überliefern. Darum lohnt es sich wohl auf die Darstellungen etwas näher einzugehen. Deutlich zu erkennen ist die durch ein Maultier angetriebene Mühle und der Weitertransport des Mehles, weiter das Kneten des Teiges, und was für uns besonders wichtig ist, unter Zuhilfenahme einer durch einen Esel angetriebenen Teigknetmaschine; ferner das Formen der Brote und das eigentliche Backen. Abbildung 9 zeigt die Beschickung eines Backofens nochmals in einem sehr schönen Relief vom Sarkophage in der Villa Medici in Rom.

Abbildung 5 und 6: Reliefs vom Grabmale des Bäckers Eurysaces in Rom.

Während bei den Griechen die Kneterei in der Hauptsache wohl von Hand, und wie unsere Abbildungen 7 und 8 darstellen, insbesondere von Frauen

Abbildung 7: Das Kneten des Brotteiges, Terrakottagruppe aus Theben, im Louvre.

ausgeübt wurde, lernen wir bei den Römern zum ersten Male eine mechanische Teigknetmaschine kennen, deren Einzelheiten in Abbildung 10 näher veranschaulicht sind. Zwar wird dieselbe beim Betriebe nicht ganz der Nachhilfe von Hand entbehrt haben, so war es doch immerhin schon ein bedeutender Fortschritt in der Entwicklung. Beim Betrachten der Bilder hat man unwillkürlich den Eindruck, daß man es hier mit Großbetrieben zu tun hat und sicherlich sind wir von dieser Tatsache nicht weit ent-

Abb. 8: Brotknetende Frau.

Abbildung 9: Relief von einem Sarkophage in der Villa Medici in Rom.

fernt, wenn wir hören, daß Rom zur Zeit des sich ausbreitenden Christentumes über 300 Berufsbäcker zählte, welche bereits durch eine Organisation zusammengeschlossen waren. Daß die Römer nicht allein in der Kunst der Brotbäckerei große Erfolge erzielt hatten, sondern auch in der Zusammensetzung eines Qualitätsbrotes Meister waren, konnte Luca durch die Analyse der 1862 in Pompeji ausgegrabenen Brote nachweisen. Die Entwicklung zeigte somit bereits wesentliche Fortschritte.

Mittelalter.

Während also Rom Griechenland schon längst überflügelt hatte und in der Backkunst Triumphe feierte, drang die Kenntnis des Hefeteiges langsam weiter nach Norden zu den Galliern. Selbst die Germanen vergaßen ob dieser Kunde ihren Mehlbrei und fingen an Brot zu backen. Das war im Mittelalter; aber sie waren trotzdem noch nicht die Letzten, denn in Schweden wurde das Brot erst im 16. Jahrhundert bekannt. Ueber 2000 Jahre hat es gedauert, um die Kenntnis der Brotbereitung von den alten Ägyptern bis zu den Germanen zu übermitteln.

Das Verfahren zur Brotherstellung war inzwischen allgemein bekannt geworden, ohne daß an der Methode das Geringste geändert wurde. Die ausgeführten Verbesserungen bezogen sich restlos auf den Ofen, der aber im Großen und Ganzen kaum von der altrömischen Form abwich, sei es, daß er im Freien aufgestellt, oder in späterer Zeit auch im Hause untergebracht wurde, oder gar fahrbar war. Von den ge-

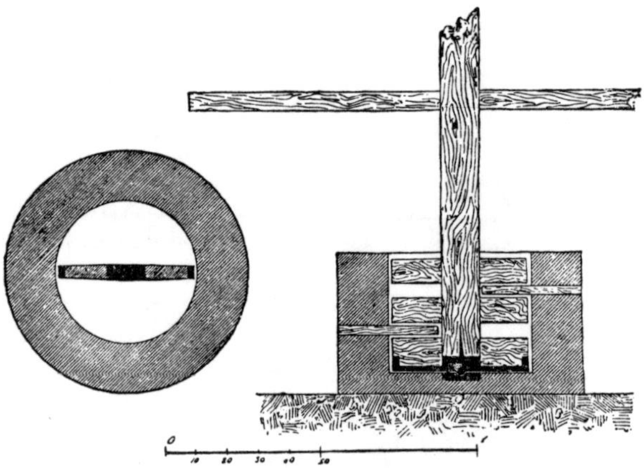

Abbildung 10: Knetmaschine aus Pompeji.

bräuchlichen Ofenformen sind in den Abbildungen 11, 12 und 13 einige Ausführungen dargestellt. Gewiß sind bisweilen Oefen von riesigen Abmessungen, zum Teil auch von Stein aufgeführt worden, die Konstruktion hatte aber kaum wesentliche Verbesserungen erfahren. Gewöhnlich war das Feuerloch gleichzeitig Rauchabzug und Beschießungsöffnung. Man kann es sich heute kaum mehr vorstellen, wie die Bäcker bei solch qualmenden Oefen haben arbeiten können. Aber in der damaligen Zeit kannte man es nicht anders, also mußte es so gehen.

Neuere Zeit.

Erst im 18. Jahrhundert, nach fast 800 Jahren Stillstand in der Entwicklung, trat infolge des fühlbar werdenden Holzmangels in den Städten ein Wandel ein. Vielleicht mag auch die an Umfang zunehmende industrielle Brotbereitung eine Rolle mitgespielt haben, als nämlich der Kohlenofen bekannt wurde. Nach den ersten Erfolgen wollte plötzlich jeder einen neuen Ofen haben. Type auf Type wurde herausgebracht und doch ist es erst der allerletzten Zeit gelungen, wirklich ideale Oefen heraus zu kristallisieren.

Nicht viel besser stand es mit der mechanischen Teigbereitung. Die alten römischen Knetmaschinen waren anscheinend vergessen worden und gleichfalls erst im 18. Jahrhundert wurden erneut schüchterne Versuche mit Teigknetmaschinen angestellt, welche aber im Laufe der Entwicklung bis zur Neuzeit einen nie erwarteten Erfolg im Bäckerei-Gewerbe errungen haben. Und kein Wunder, ist doch eigentlichen Sinnes die Teigknetmaschine neben dem Backofen **die** Maschine

Abbildung 11: Backofen im 16. Jahrhundert.

des Bäckers, meist alle anderen maschinellen Hilfsmittel im Bäckergewerbe sind erst Errungenschaften der allerneuesten Zeit. Wie schnell doch das Alte vergessen wird; der Betrieb in einer Großbäckerei erscheint uns jetzt so selbstverständlich, daß sich keinem die Vermutung aufdrängt, daß alle diese von Maschinen geleisteten Arbeiten jemals von Hand hätte gemacht werden sollen. Wir haben den Siegeszug der Technik im Bäckergewerbe miterlebt und sind stolz auf unsere Errungenschaften, aber wieviel Schweiß und vergebliche Mühe es gekostet hat, um dieses Ziel zu erreichen, daß wird uns in weiteren Kapiteln dieses Buches vor Augen geführt werden.

L a n d b e v ö l k e r u n g.

Noch sind wir nicht am Schluße unserer geschichtlichen Betrachtung, denn wir haben die Bäckerei unserer heutigen Landbevölkerung noch nicht gewürdigt. Sie ist rückständig. Auf dem Lande wird sind hier noch heute genau so gebacken, wie es zur Zeit des

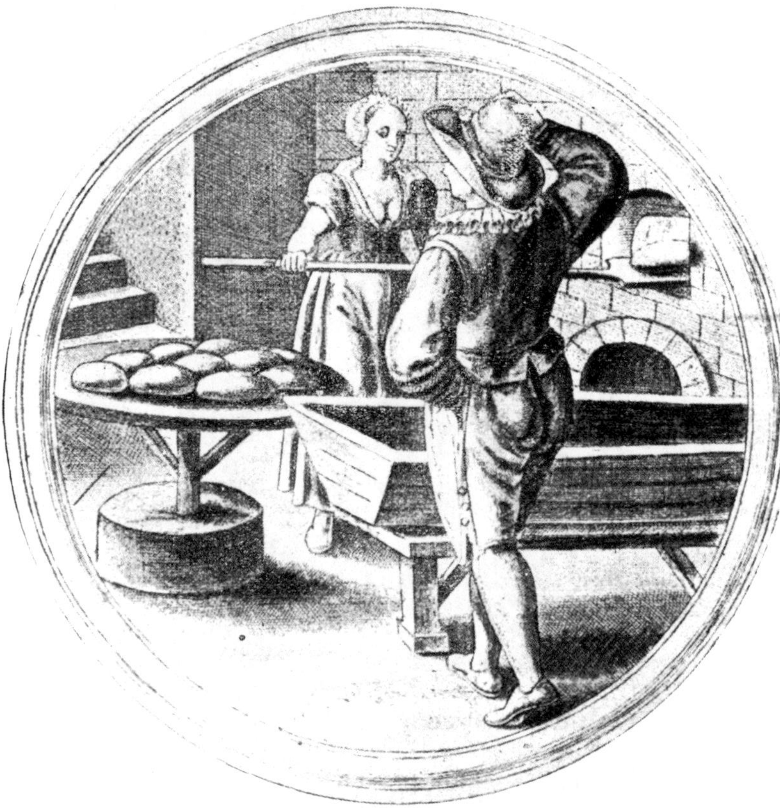

Abbildung 12: Holländischer Backofen aus dem Jahre 1640.

Mittelalters üblich war. Die Berufsbäckereien sind hiervon allerdings ausgenommen. Die im Freien oder oft auch in den Häusern aufgestellten Oefen weisen zum Teil Verbesserungen auf, in weitaus der größten Anzahl haben dieselben aber nur einen Feuerraum mit Innenheizung. Daß die Landbevölkerung nicht mit an der Entwicklung teilgenommen hat, hat seinen Grund mit darin, daß hier jeglicher Konkurrenzkampf fortfällt. In der

Industrie heißt es „Stillstand ist Rückgang“ und „Kämpfen oder Unterliegen“, je härter der Kampf, desto vollkommener die Leistung!

Abbildung 13: Fahrbarer Backofen aus dem Mittelalter.

B. Geschichtliche Entwicklung und heutiger Stand.

1. Die Teigknetmaschinen.

Vom Handbetriebe zur Maschinenarbeit.

Roms Glanzzeit war zu Ende. Zwar hatte sich die Kenntnis der Brotbereitung unter Benutzung des Sauerteiges nach Norden hin weiter überliefert, nicht aber die Kunde von der Möglichkeit einer maschinellen Teigbereitung, denn erst das wiedererstandene alte Pompeji zeigte uns an erhalten gebliebenen Kulturdenkmälern, daß der Gedanke selbst nicht neu war. Die einzig geübte Form der Teigherstellung war und blieb das Handkneten am Backtroge.

Es ist ohne Zweifel eine recht mühsame Arbeit und kann nur unter Aufwendung bedeutender Körperkräfte mit Erfolg zu Ende geführt werden. In Bezug auf den Energiehaushalt des menschlichen Körpers stellt das Handkneten eine höchst unvorteilhafte Ausnutzung der Körperkraft dar. Die oberen Muskelpartien der Arme und der Schultern werden stark überlastet, während die übrigen Partien fast garnicht beansprucht werden. Begünstigt durch die ganze weitere Körperhaltung und die starke einseitige Ueberlastung der Oberkörpermuskeln wird eine ungewollte Müdigkeit hervorgerufen, welche naturgemäß infolge der stark schwankenden Arbeitsleistung nachteilig auf den Arbeitsprozeß wirkt. Die Griechen haben diesen Umstand sicher bereits erkannt und auch geeignete, man kann sagen recht moderne Mittel gefunden, um die Müdigkeit zu bekämpfen. Sie haben dies erreicht (Siehe Abbildung 7 auf Seite 34) durch Einführung der gemeinsamen Arbeit mehrerer Personen am Backtroge und zwangsläufiger Mechanisierung der Tätigkeit nach dem Klange rythmischer Melodien. Bei der auf diese Weise schematisierten Arbeit wird nicht allein die Müdigkeit herabgesetzt, sondern auch noch infolge des gegenseitigen Wettbewerbes eine Leistungssteigerung erzielt. Dasselbe Verfahren wird ja auch heute noch geübt und das Pfeifen der Bäcker- und Schusterjungen ist sogar sprichwörtlich geworden.

Die alte Form des Handknetens ist heute noch sehr verbreitet. Abbildung 14. Ganz schwere Teige

Abbildung 14: Handkneten.

werden auch wohl mit den Füßen getreten. Abbildung 15. Recht appetitlich wirkt das Bild eines solchen bei der schweren Arbeit schwitzenden Mannes keineswegs. Mit den heutigen Forderungen der Hygiene läßt sich eine derartige Arbeitsmethode unter Einschluß des Handknetens, selbst bei peinlichster Sauberkeit nicht vereinbaren, denn Schweiß und Schmutz lassen sich nicht gänzlich vermeiden, ganz abgesehen von einer etwaigen Krankheitsübertragung. Die Frage von der Möglichkeit der Tuberkuloseübertragung durch in

Abbildung 15: Fußkneten.

den Teig gelangte Bazillen ist schon des öfter untersucht worden. Nach den Untersuchungen von Dr. A. Laveran werden die Tuberkelbazillen bei Gegenwart von Feuchtigkeit in der Hitze abgetötet. Die Abtötung erfolgt:

bei einer Hitze von	70°	in	10	Minuten
„ „	80°	„	5	„
„ „	90°	„	2	„
„ „	100°	„	1	„

Da die Backzeit 30 Minuten beträgt und die Innen- bezw. Außentemperatur des Brotes im Ofen 100 bezw. 140° beträgt, ist auf diese Weise die Gefahr einer Ansteckung so gut wie ausgeschloßen. Andererseits kann es dagegen vorkommen, daß Krankheitskeime durch den Staub auf die fertige Ware verschleppt werden.

Es ist nach Vorstehendem sehr wohl einzusehen, daß gewisse Forderungen der Hygiene die Einführung der Maschine begünstigt haben Um den Wunsch zu verstehen, die Handarbeit durch die Maschinenarbeit zu ersetzen, lohnt es sich, einen

Blick auf den Umfang der zu leistenden Arbeit zu werfen. Durchschnittlich beträgt die für eine Beschikkung notwendige Teigmenge 175 kg., welche je nach Schwere der Ware in einem Zeitraume von 28 bis 35 Minuten von Hand geknetet werden muß. Daß bei Handbetrieb das Ideal eines guten Teiges erzeugt wird, muß verneint werden; sehr häufig fällt der Teig ungleichmäßig aus, weil das Kneten der persönlichen Willkür unterworfen ist und der ganze Prozeß zu viel Zeit in Anspruch nimmt. Damit sind auch schon wichtige Punkte für die Anforderung an eine Maschine gegeben, nämlich:

schnelle und gleichmäßige Herstellung und ferner Vermeidung der Ueberarbeitung des Teiges.

Schwierigkeiten bei der Einführung der Teigknetmaschine.

Die Schwierigkeiten bei der Einführung der Teigknetmaschine lagen auf zwei grundverschiedenen Seiten. Die Hauptschwierigkeit war technisch konstruktiver Natur und die zweite ergab sich aus der Abneigung gegen die Maschine selbst, nicht nur von Seiten der Bäcker, sondern auch von Seiten der Verbraucher. In der ersten Anfangszeit der Maschine mußte ein Pariser Bäcker seinen Laden schließen, da die Bevölkerung das sogenannte Maschinenbrot aus Angst vor Magenbeschwerden nicht kaufen wollte. Ein anderer fortschrittlich gesinnter Bäcker ließ seine Maschine bei Nacht und Nebel aufstellen und wagte sie aus Furcht vor Entdeckung auch nur des Nachts unbeobachtet zu benutzen.

In Frankreich, welches damals in der Einführung der Maschine mit an erster Stelle stand, hatte Salignac in Paris im Jahre 1760 eine Einrichtung gebaut, um das Kneten zu erleichtern, ebenso 1761 Cousin, aber es blieb bei den Versuchen. Wie diese ersten primitiven Vorrichtungen aussahen, zeigt uns Abbildung 16, eine von den Spanier Brega konstruierte Teigknetrolle. Daß das Durcharbeiten des Teiges mit Hilfe einer derartigen, an einem Pendelgestelle aufgehängten Rolle wesentlich gefördert worden ist, kann wohl nicht behauptet werden. Ebenso die von Keferstein in Deutschland und verschiedene 1789 in Italien bekannt gewordene Konstruktionen konnten sich wegen ihrer komplizierten Bauart nicht einführen. Die erste Maschine, welche mit mehr oder weniger Erfolg in der Praxis verwandt worden ist, stammt von Lembert (1810) und

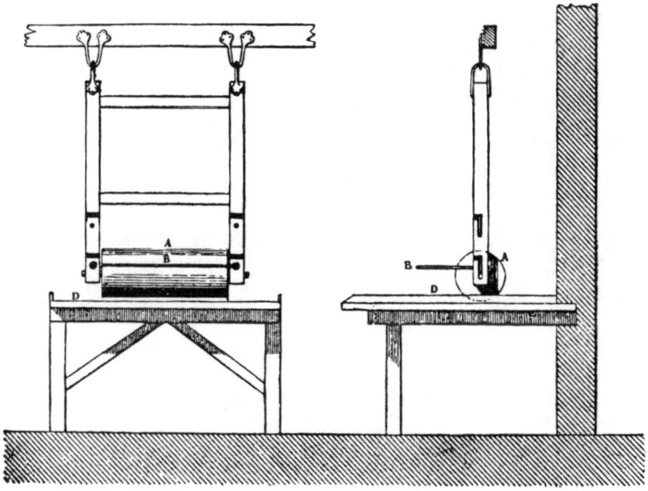

Abbildung 16: Teigknetmaschine von „Bréga".

wurde nach dem Erfinder „Lembertine" genannt. Damit beginnt dann auch die eigentliche geschichtliche Entwicklung der Teigknetmaschine.

Systematische Entwicklung der Teigknetmaschine.

Die Entwicklung der Teigknetmaschine in geschichtlicher Reihenfolge zu betrachten, ist wegen der Mannigfaltigkeit der entwickelten Bauarten nicht gut möglich. Wir halten die Darstellung der Entwicklung in systematischer Reihenfolge für bedeutend übersichtlicher, da sich nur so der Fortschritt einer bestimmten, zu einer Gruppe zusammengefaßten Maschinengattung von den ersten Anfängen bis in die Jetztzeit hinein verfolgen läßt. Jede Gruppe wird zunächst durch die ihr eigenartige Ausführungsform gekennzeichnet, dann werden die im Laufe der Zeit eingetretenen Aenderungen und Verbesserungen ganz kurz beschrieben und zuletzt das ganze System der betreffenden Gruppe einer kurzen Beurteilung unterzogen. Es ist klar, daß bei der großen Anzahl von heute bekannten Bauarten (1914 waren es bereits 148 verschiedene Modelle) nur eine Auswahl der am meisten bekannt gewordenen Maschinen aufgeführt werden kann. Der besseren Uebersicht halber ist die Beschreibung der Einzelheiten der Maschinen in Bezug auf Ausführung, Wirkungsweise, Größe, Leistung usw. für einen weiteren Abschnitt zurückgestellt. Ebenso ist die Eignung der verschiedenen Maschinengattungen für bestimmte Teigarten usw. bei den entsprechenden Fabrikationsgängen näher erläutert.

Sämtliche Bauarten von Teigknetmaschinen lassen sich in 5 Hauptgruppen einteilen.

Gruppe 1:

Wesentliches Kennzeichen ist eine horizontalgelagerte feste oder drehbare Trommel mit oder ohne Knetorgan.

(Abbildung 17.)

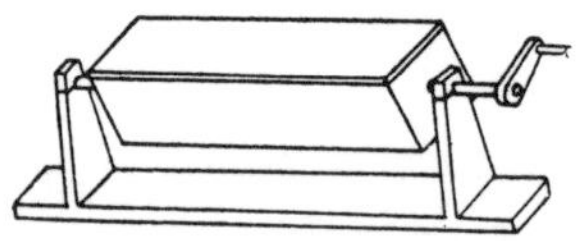

Abbildung 17: Schema für Teigknetmaschinen der Gruppe 1.

Die erste 1810 von Lembert eingeführte Teigknetmaschine erinnert stark an einen rechteckigen Knettrog, welcher in Achsen drehbar gelagert ist. Das Mehl wurde in der Trommel angesetzt und Letztere nach dem Schließen des Deckels zwecks Durchmischung des Teiges von Hand gedreht. Fontaine verbesserte die vorherige Form, indem er durch Einsetzen von schräg stehenden Seitenwänden in das Innere der Trommel die Durchmischung des Teiges vollkommener gestaltete. In den Jahren 1827—1831 suchten Ferrand und Andere eine noch bessere Knetarbeit durch Anbringen von Teigschnecken im Innern der Trommel zu erreichen. Einen Schritt weiter ging Clayton (1830) durch Benutzung eines in der Trommel drehbar angebrachten gegenläufigen Rechens. Kleinbrahm baute 1868 eine Zylinderknetmaschine mit Hundetretrad als Antrieb, um menschliche Arbeitskräfte zu sparen (Vorläufer der Göpelantriebe).

Mit der letzten Ausführung ist die erste Gruppe von Teigknetmaschinen bereits abgeschlossen. Ein eigentliches Kneten konnten diese Maschinen nicht ausführen, es blieb bei einer mehr oder weniger guten Durchmischung des Teiges. Aus diesem Grunde sind diese Bauarten auch damals schon wieder verlassen worden.

Gruppe 2:

hat als Grundform den horizontal liegenden rechteckigen Trog (Mulde), in dem der Teig durch horizontal liegende Knetflügel bearbeitet wird. (Abbildung 18).

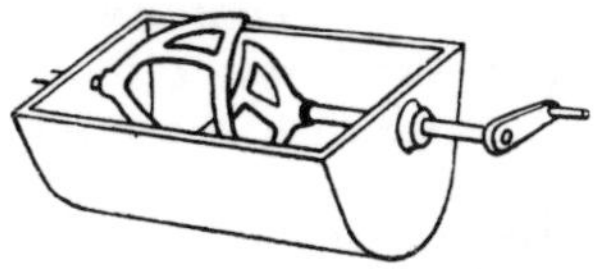

Abbildung 18: Schema der Teigknetmaschinen der Gruppe 2.

Die erste Maschine, welche überhaupt als Knetmaschine in diesem Sinne angesprochen werden konnte, baute Boland 1847. Die wirksame Neuerung bestand in einem von Hand gedrehten, doppelt geschweiften Knetflügel. 1876 verbesserte Boland seine Maschine nochmals durch Ausführung eines kippbaren Troges. Christofleau verwandte ebenfalls einen festen Trog mit horizontal umlaufendem Knetflügel, dessen in verschiedener Entfernung von der Achse angebrachten Querarme der Teigmasse eine in sich verschiedene Geschwindigkeit erteilten. Rolland suchte 1850 die Knetwirkung durch Ausführung mehrfach geteilter Knetflügel gleicher Länge zu verbessern. 1878 baute Mahot eine Maschine ähnlich der vorhergehenden, benutzte aber ineinander greifende Knetflügel verschiedener Länge. Um möglichst alle Teile der Teigmasse gleichmäßig zu bearbeiten, setzte Perrein das Flügelrad seiner Maschine quer und gab dem Troge eine zwangläufige Hin- und Herbewegung. Allmählich aber hatte sich das Bolandsche Prinzip weiter verbreitet und wurde z. B. von Baker auch schon für Kraftbetrieb ausgeführt.

Anfang der 80er Jahre nahm auch die deutsche Maschinenindustrie diese Bauart auf. Sie wurde besonders von Küpper, welcher durch zweckmäßigere Formgebung der Knetschaufeln und handlichere Ausführung des Getriebes weitere Verbesserung und Verbilligung erzielte, mit gutem Erfolge eingeführt. Noch weitere Verbesserungen dieser Bauart brachte 1878 die Erfindung der Doppelschaufel-Teigknetmaschine, die sich als Teigknetmaschine „Universal" von Werner & Pfleiderer über die ganze Welt verbreitet hat.

Damit ist auch der Entwicklungsgang der zweiten

Gruppe abgeschlossen. Dieses System hat sich am besten durchgesetzt und ist immer mehr vervollkommnet worden. Bis 1910 war die Doppelschaufel-Knetmaschine die beste Maschine, welche auch am meisten in der Praxis benutzt wurde. Selbst heutigen Tages wird diese Bauart noch mit Erfolg für ganz schwere Ware in der Großindustrie verwandt. Trotzdem aber haben alle Maschinen dieser Konstruktion einen Nachteil dadurch, daß nach längerem Gebrauche die Lagerungen der Flügelradwellen in der Trogwandung undicht werden und so leicht Schmiermittel in den Teig gelangen können. Weit größer aber ist der Nachteil, daß der Teig durch die Knetflügel stark gezerrt und dadurch leicht überarbeitet wird, welches oft mangelhafte Gärung zur Folge hat. In der Keksindustrie behaupten diese Maschinen noch heute ihren Platz wegen ihrer großen Leistungsfähigkeit.

Gruppe 3:

hat als Grundform den runden, zwangläufig umlaufenden Trog. Die von oben eingreifenden Knetflügel sind vertikal (feststehend, umlaufend oder auswechselbar), oder horizontal (einseitig oder doppelseitig) liegend ausgeführt. (Abbildung 19).

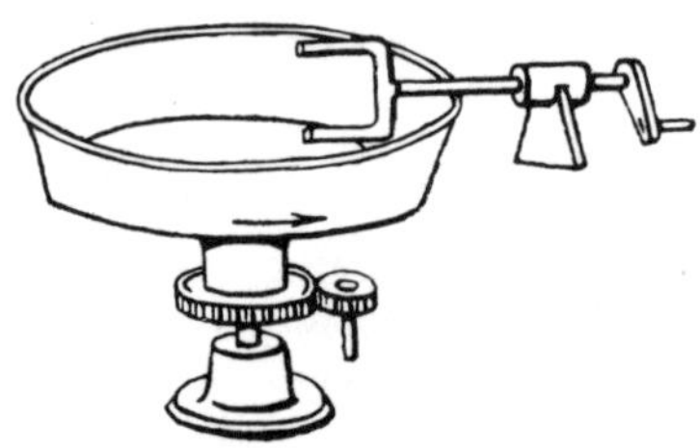

Abbildung 19: Schema der Teigknetmaschinen der Gruppe 3.

Die erste Maschine diese Art wurde 1847 von Rollet erbaut. Er ließ im Drehtroge mehrere vertikal gestellte Walzen mit gegenläufiger Bewegung rotieren. 1855 konstruierte Deliry eine neue Maschine mit zwei auf einer horizontalen Welle sitzenden schnekkenförmigen Knetschaufeln und einem feststehenden Abstreichbleche. Beaurens suchte die hierdurch auftretende Ueberarbeitung des Teiges zu verringern, indem er nur einen Knetflügel benutzte. Der Nachteil dieser

Konstruktion war eine Verlängerung der Knetzeit. Eine ähnliche Maschine baute Michel mit einem mehrarmigen Knetflügel und weiter Guiou, welcher als Knetorgan anstelle der schneckenförmigen Schaufeln gerade Stangen bevorzugte und ferner den Trog abwechselnd nach verschiedenen Richtungen umlaufen ließ. Die letztere Bauart wurde aber durch das komplizierte Getriebe sehr teuer.

Wieghorst brachte 1889—1900 weitere Verbesserungen dieser Bauart durch Anwendung einer vertikal von oben eingreifenden Knetgabel, welche eine zur Drehrichtung des Troges entgegengesetzte Drehung ausführte. Eine ähnliche Maschine stellte Hignette her, benutzte aber einen Holzbottich. Diese Maschinen hatten ein verhältnißmäßig großes Teigfassungsvermögen und waren für den Kleinbetrieb weniger geeignet. Aus diesem Grunde baute Bugaud eine einfachere und kleinere Maschine nach dem gleichen Grundgedanken, machte aber den Trogdurchmesser kleiner und höher und benutzte als Knetorgan einen Rahmenflügel. Fairwather versuchte gewisse Nachteile der Maschine von Wieghorst durch günstigere Formgebung des Troges zu umgehen und verwandteKnetorgane mit stampfender und drehender Bewegung. Dathis verließ die drehende Bewegung der Knetorgane und benutzte bei leichteren Teigen eine oder mehrere nacheinander von von oben einschlagende zwangläufig bewegte Gabeln. Bemerkenswert ist der Antriebsmechanismus dieser Gabeln, welcher sich in ähnlicher Form bei Maschinen der folgenden Gruppen wiederfindet.

Von dieser Gruppe sind eine grosse Anzahl von Bauarten bekannt geworden, aber bei allen wird ein nur unvollkommenes Kneten erreicht. Da der Trogdurchmesser immer bedeutend größer ist als der Knetkreis, bleibt ein Teil des Teiges unberührt. Einen Vorteil haben diese Maschinen, nämlich den, daß sie verhältnismäßig ungefährlich sind. Einen Nachteil wiederum dadurch, daß das Getriebe oberhalb des Troges angebracht ist und somit leicht ein Verschmutzen des Teiges möglich ist. Einige Bauarten dieser Gruppe sind unter dem Namen „Drehbottichmaschinen", hauptsächlich in Verbindung mit Auspreßeinrichtungen noch heute, allerdings in moderner Konstruktion, vielfach in Gebrauch. Sie finden vorzugsweise in Großbetrieben gewisser Gegenden Anwendung, wenn es hauptsächlich mit auf große Leistung ankommt, wie z. B. auch in Militärbrotbäckereien.

Gruppe 4:

ist gekennzeichnet durch zwei von oben eintauchende vertikal stehende Knetflügel, welche später durch Arme mit Auf- und Abwärtsbewegung ersetzt werden. (Abb. 20).

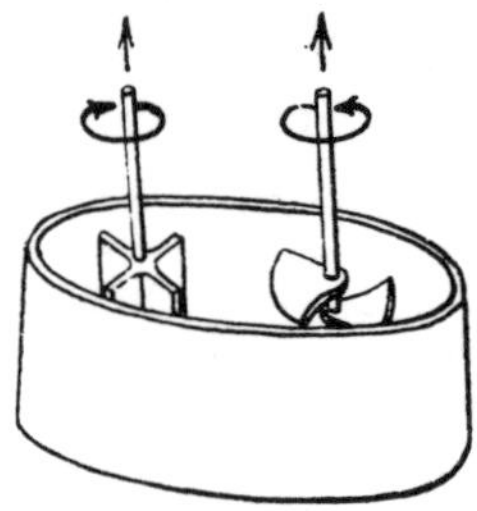

Abbildung 20: Schema der Teigknetmaschinen der Gruppe 4.

Eine der ersten Maschinen dieser Gruppe wurde 1838 von David gebaut. Er benutzte zwei senkrecht stehende Flügelräder bei horizontaler Hin- und Herbewegung des Langtroges. Den umgekehrten Weg beschritt Dagry 1878, indem er auf den Längsseiten des feststehenden Langtroges die Knetorgane einschließlich der Antriebsvorrichtung hin- und her fahren ließ. Das Kneten besorgten zwei vertikal stehende Knetgabeln bezw. eine horizontal liegende Schaufel. Beide Knetorgane konnten durch Umstellen eines Handgriffes wahlweise benutzt werden. Eine äußerlich gänzlich andere Bauart wurde von Baker (auch von Thompson) insbesondere für Biskuitteige ausgeführt. Er benutzte zwei vertikal stehende, umlaufende Mischflügel, welche von oben in den feststehenden Bottich eintauchten und hochgedreht werden konnten.

Eine gänzlich neuartige Maschine, welche eigentlich nur als Uebergangsstadium zur Gruppe 5 anzusehen ist, wurde 1895/96 von Kummer erfunden. Anstelle der Knetflügel traten Knetarme und anstelle der Drehbewegung der Knetorgane trat die greifende Auf- und Abwärtsbewegung. Es war dies die erste Maschine, welche auswechselbare Tröge mit Kippvorrichtung besaß.

Man sprach damals schon von einem Abschlusse in der Entwicklung der Teigknetmaschine und glaubte die Idealmaschine gefunden zu haben. Besonders war es Bertram, welcher das Kummersche Prinzip zuerst erfolgreich für die Praxis verwirklichte und damit dieser Maschine Weltruf verschaffte. Wenn auch bei dieser Bauart die Gefahr der Verunreinigung des Teiges durch Schmiermittel auf ein Mindestmaß herabgesetzt war, so ließ dennoch das gleichmäßige Durcharbeiten des Teiges zu wünschen übrig. Der Vorteil der Maschine aber war die erheblich schnellere Fertigstellung des Teiges, weshalb diese Bauart von Großbetrieben bevorzugt wurde und auch heute noch aufgestellt wird.

Der Grundgedanke dieser Maschine sollte, wenn auch in etwas anderer Form, nochmals einen Umschwung in der Entwicklung der Teigknetmaschine hervorrufen und damit das Ideal, nämlich eine möglichst vollständige Nachahmung des Handknetens, aber in kürzerer Zeit, durch die Maschine erreichen helfen.

Gruppe 5:

stellt unter Verwendung von Drehtrögen und von außen eingreifenden Knetarmen die moderne Form der Knetmaschine dar. (Abbildung 21.)

Abbildung 21: Schema der Teigknetmaschinen der Gruppe 5.

Aus der geschichtlichen Entwicklung läßt sich ganz deutlich erkennen, wie sich die einzelnen Forderungen, welche an eine moderne Knetmaschine zu stellen sind, auf die Konstruktion ausgewirkt haben. Den Anstoß zur Weiterentwicklung gab der Kummersche Grundgedanke des Greifarmes, wir fassen daher die hieraus entwickelten Maschinen als Greifarmmaschinen zusammen und bilden damit die erste Untergruppe:

a) Greifarm Knetmaschinen. Wir sehen in der Folge von einer streng geschichtlichen Reihenfolge der entwickelten Systeme ab und gruppieren die Maschinen mehr nach der Art des Getriebes ein, um dadurch einen besseren Gesamtüberblick zu erhalten. Die Uebersicht erstreckt sich vor allen Dingen auf die Anordnung des Getriebes zur Vermeidung jeglicher

Verschmutzung des Teiges, weiter auf die Rücksichtnahme der Konstruktion zur schonenden Behandlung des Teiges und auf die Leistungsfähigkeit (Knetkurve).

Hätte die Original-Bertram-Maschine bereits einen Drehtrog besessen, so stände sie an erster Stelle dieser Gruppe. Ihre Merkmale sind: Getriebe oberhalb des Troges, wenig schonende Behandlung des Teiges bei großer Leistungsfähigkeit. Dieser Bauart am nächsten stehen die Doppelgreifarmknetmaschinen mit Drehtrog (wie z. B. Lorch, Adler, Artofex). Sie unterscheiden sich im Aufbau nur dadurch, daß die Bewegungsorgane nicht oberhalb, sondern seitlich vom Troge angebracht sind. Der Fortschritt ist der, daß durch den Drehtrog eine gleichmäßigere Bearbeitung des Teiges erzielt wird. Die beiden nebeneinander liegenden ellipsenförmigen Knetkurven bewirken hohe Leistung; eine Ueberarbeitung des Teiges ist aber nicht in allen Fällen ausgeschlossen. Um dies zu vermeiden, ist die gleiche Bauart mit nur einem Knetarm ausgeführt worden (z. B. Rotator), wobei eine geringere Leistung mit in Kauf genommen werden mußte. Die nächst folgende Stufe zeigt hinsichtlich des Getriebes keine Aenderung. Der Unterschied liegt nur in der Bahn der Knetkurve, die vorher als Sehne des Trogkreises, jetzt aber radial von der Trogwandung bis zum Mittelpunkte verläuft (z. B. Peka). Die Teigmasse wird durch diese Aenderung weit schonender behandelt als vorher.

Allmählich rückt bei weiteren Bauarten auch das Getriebe noch weiter nach aussen, indem der Knetarm schräg von oben eingreift (z. B. Pott). Der hiermit verbundene Nachteil ist eine kleinere Knetkurve und damit geringere Leistungsfähigkeit.

Bei der „Viennara"-Knetmaschine (Werner & Pfleiderer 1904/05) rückt das Getriebe bis unter den Trogrand nach außen, sodaß jede Verschmutzung des Teiges ausgeschlossen ist. Der stark gekrümmte Knetarm beschreibt eine radial einschneidende günstige Knetkurve. Ein weiterer, nicht zu unterschätzender Vorteil liegt darin, daß die Teigschale bei Höchststellung des Knetarmes ohne weiteres ausgefahren werden kann, während bei allen vorherigen Bauarten ein Aufklappen der Arme zum Ausfahren des Troges notwendig ist.

Diese Maschine ist die letzte Stufe der Greifarmmaschinen und ihre Vorteile der früheren Gruppen gegenüber sind Folgende: kein Verschmutzen des Teiges, gleichmäßige Bearbeitung des ganzen Teiges ohne Ueberarbeitung, günstige Knetkurve, damit schnelles und luftiges Kneten, kein Aufklappen der Arme beim Ausfahren des Troges.

Hieraus ist zu entnehmen, daß weitere Bauarten nur dann einen Fortschritt darstellen, wenn sie zunächst die vorgenannten Punkte gleich gut erfüllen und darüber hinaus noch Vorzüge aufweisen.

b) Hebelarm-Knetmaschinen mit kombinierter Armbewegung. Da der Kurbelantriebsmechanismus der Greifarmmaschinen kaum zu verbessern ist, hat man versucht, andere Lösungen zu finden. Der leitende Gedanke war wohl der, daß die Hand beim Kneten nicht wie bei der Greifarmmaschine stets radial in einer Ebene eingreift, sondern eine der Größe des auftretenden Widerstandes der Teigmasse entsprechende Bewegung ausführt, um eine möglichst gleichmäßige Knetarbeit zu erreichen. Nach der Mitte des Troges muß der Knetarm eine geringere, nach dem Rande zu eine stärkere Knetwirkung ausüben. Maschinen (wie z. B. Diosna), welche nach diesem Prinzipe arbeiten, erfordern meistens ein verhältnismäßig kompliziertes Getriebe Der Knetarm muß nicht nur eine gewisse Teildrehung ausführen, sondern gleichzeitig noch eine Auf- und Abwärtsbewegung. Die bereits erwähnten Forderungen werden alle erfüllt, da das Getriebe vollständig außerhalb des Troges liegt; der Knetarm muß beim Ausfahren des Troges allerdings hochgeklappt werden.

c) Dreharm-Knetmaschinen. Die Bewegung der Knetorgane ist von den vorgenannten Maschinen der Gruppe 5 grundsätzlich verschieden Streng genommen gehören dieselben nicht in diese Gruppe, sind aber mit aufgenommen worden, weil sie von außen eingreifende Knetorgane besitzen. Das schräg von oben eingreifende Knetorgan in Form einer Gabel, eines schneckenförmigen Armes oder eines Schaufelarmes rotiert in der Teigmasse mit gleichförmiger Geschwindigkeit. Einige dieser Bauarten erzeugen nur kleine Knetkurven und bedürfen besonderer Hochstellvorrichtungen, um den Trog ausfahren zu können (z. B. Krone, Roland). Andere gestatten das Ausfahren des Troges, nehmen dabei aber in Kauf, daß infolge der kreisförmigen Knetkurve der Knetarm einen etwas größeren Luftweg beschreibt. (z. B. International).

d) Drehhebelarm-Knetmaschinen. Die 1909 von Herbst erfundene Drehhebelknetmaschine ahmt die Methode des Handknetens am vollkommensten, nach. Es wird dies dadurch erreicht, daß die Hand am Knetarme im Gegensatz zu den Dreharmmaschinen trotz der kreisenden Bewegung des ganzen Armes immer dieselbe Stellung beibehält. Erreicht wird diese durch Anwendung eines Kreuzgelenkes, welches den ganzen Knetarm in ein langes und ein kurzes Ende teilt. Das kurze Ende wird von einem Antriebsrade im Kreise herumgeführt und überträgt die Bewegung über das Kreuzgelenk auf den Arbeitsarm. Dadurch daß der Arbeitsarm einen Knick hat, wird eine eiförmige Knetkurve erhalten, sodaß der Knetarm einen verhältnismäßigen geringen Luftweg zurückzulegen hat. Bei denjenigen Maschinen, deren Kreuzgelenkdrehpunkt in der Verlängerung der Achse des Antriebrades liegt, rotiert der Armschaft mit gleichförmiger Geschwindigkeit. Eine weitere Verbesserung der Bauart der Drehhebelmaschinen wird nun dadurch erreicht, daß man den Drehpunkt des Kreuzgelenkes nicht in Achsrichtung der Antriebsschnecke, sondern etwas tiefer legt. Der Erfolg ist der, daß der Knetarm jetzt verschiedene Geschwindigkeiten annimmt. Beim Durchstreichen der Teigmasse läuft er langsamer aber mit größerer Kraft, während nach dem Austritt der Luftweg schneller zurückgelegt wird.

Außer der günstigen Knetkurve hat die Drehhebelmaschine noch den weiteren Vorteil, daß sie die Anwendung des Freilauftroges gestattet und somit kleinere Leerlaufzahlen erreicht. Andererseits wird auch häufig die schrittweise Trogbewegung oder der zwangläufig angetriebene Trog vorgezogen.

Die Drehhebelknetmaschine hat sich heute wegen ihrer vielen Vorzüge besonders in kleinen und mittleren Betrieben gut eingeführt und ist in zahlreichen Konstruktionen verbreitet.

Der Hauptvorteil der Maschinen der Gruppe 5 allen anderen Systemen gegenüber ist die wirklich vollständige Durcharbeitung des Teiges. Eine Ueberarbeitung ist bei den meisten Bauarten selbst bei zu langer Betriebszeit ausgeschlossen. Bei den modernen Konstruktionen ist die Gefahr der Verölung der Teigmasse restlos beseitigt. Die Tröge lassen sich wegen ihrer runden Form leicht reinigen. Auswechselbare

Tröge gestatten einen ununterbrochenen Betrieb. Die Möglichkeit von Verletzungen ist fast ausgeschlossen.

Die Seele der Maschine dieser Gattung liegt in der Konstruktion zur Bewegung des Knetarmes, in der Form der Knetkurve und in der Güte des Materials für den Knetarm. In welcher Weise die hierbei auftretenden Schwierigkeiten von der Maschinenindustrie praktisch gelöst worden sind, soll im Abschnitt II eingehend besprochen werden.

Wir haben mit Vorstehendem die systematische Entwicklung der Teigknetmaschinen abgeschlossen. Die hierbei zu Grunde gelegte Gruppeneinteilung bezog sich in erster Linie auf äußere Konstruktionsmerkmale. Technisch interessanter ist die Einteilung der Knetmaschinen hinsichtlich der Bewegungsart der Knetorgane ohne Berücksichtigung der Trogausführung. In ganz groben Zügen sollen die so entstehenden Gruppen kurz angedeutet werden:

1. Knetorgane ohne Eigenbewegung (Lembert).
2. Knetorgane mit reiner Drehbewegung
   a. 1 oder 2 vertikale Wellen (Wieghorst, Thompson)
   b. 1 oder 2 horizontale Wellen (Boland, Deliry, Universal)
   c. Schrägstehende Welle (Krone, International)
3. Knetorgane mit Kurbelantrieb
   a. 1 oder 2 vertikale Arme (Rotator, Bertram)
   b. 1 oder 2 schrägstehende Arme (Pott, Dathis)
   c. Von außen eingreifende Arme (Viennara)
4. Knetorgane mit zusammengesetzter Bewegung
   a. Hebelarmmaschinen (Diosna)
   b. Planetenradmaschinen (für leichtere Teige)
   c. Drehhebelarmmaschinen. (Herbst).

Beurteilung, Antrieb und Wahl einer Teigknetmaschine.

Die Frage nach der Eignung der Teigknetmaschine ist schon recht früh aufgetaucht. In Paris wurden 1838 sechs verschiedene Maschinensysteme geprüft und bewertet. Die erste erfolgreiche Stellungnahme zur maschinellen Teigherstellung geschah 1908/09 in Paris durch einen Wettbewerb, bei welchem 14 Maschinen der verschiedensten Konstruktionen aller Länder im Vergleich zur Handknetarbeit geprüft wurden. Da seinerzeit die letzte Entwicklungsstufe der modernen Knetarmmaschine noch nicht bekannt war, konnte es sich bei der Prüfung nur um heute größtenteils nicht mehr allgemein gebräuchliche Konstruktionen gehandelt haben. Aber trotzdem ist das Ergebnis lehrreich genug, um näher darauf einzugehen.

Jede Maschine mußte zweimal kneten, einmal unter Bedienung des Konstrukteurs und zweitens unter Bedienung eines Kommissionsmitgliedes. Zu diesem Zwecke wurde eine einheitliche Teigzusammensetzung gewählt, welche aus 110 kg Mehl, 60 kg Wasser, 1,1 kg Hefe und 1,65 kg Salz (also zusammen 172,75 kg Teig) bestand. Die fertig gekneteten Teige wurden dann zu Brot verbacken und dieses zur Gütebeurteilung der Maschine geprüft. Die Prüfung umfaßte folgende Punkte:

1. Güte des Teiges,
2. Bequemlichkeiten für das Bedienungspersonal,
3. Unglücksfälle beim Betriebe,
4. Leichtes Entleeren des Troges,
5. Leichtes Reinigen der Maschine,
6. Maschinengeräusche,
7. Güte des fertigen Brotes.

Die Beurteilung des Aussehens und die Feststellung der Güte des Brotes sollte erfolgen, einmal unmittelbar nach dem Verlassen des Ofens und ein zweites Mal 15 Stunden später. Für jede im Programme vorgesehene Ziffer konnten bis zu 20 Bewertungspunkte erteilt werden, je nach Güte. Das Ergebnis war, daß alle geprüften Maschinensysteme in der Bewertung 10 bis 19 Punkte erreichten. Der Parallelversuch mit dem Handkneten zeigte ferner, daß die erzeugten Brotsorten, trotz der zum Teil nicht befriedigend ausgefallenen Maschinenteige, fast gar keine Unterschiede aufwiesen, also daß die Maschinenarbeit der Handarbeit hinsichtlich der Güte der Erzeugnisse ebenbürtig war, sehr zum Leidwesen derjenigen Gegner, welche die einwandfreie Teigherstellung bei Verwendung von Maschinen bezweifelten. Ebenso waren aus den Wiegeergebnissen, deren Mittelwerte in nachstehender Tabelle zusammengestellt sind, keine Unterschiede herzuleiten.

	Schwerteige		Leichtteige	
	sofort	n. 15 Std.	sofort	n. 15 Std
Maschinenarbeit	134,95 kg	131,64 kg	135,53 kg	131,71 kg
Handarbeit . .	135,18 kg	131,57 kg	135,08 kg	132,56 kg

Heutigen Tages wird mit Ausnahme gewisser zurückgebliebener Länderbezirke das Vorurteil gegen das maschinenmäßig hergestellte Brot wohl restlos verschwunden sein. Und trotzdem mutet es eigenartig an, daß gerade in Frankreich, welches in frühester Zeit doch am erfolgreichsten mit der Konstruktion von Teigknetmaschinen hervorgetreten war, sich viele Bäcker gegen die Einführung der Maschine sträuben, nachdem in Deutschland, England, Oesterreich und Belgien und sogar Amerika bereits seit langen Jahren die Handarbeit durch Maschinenarbeit ersetzt worden ist.

Die Vorurteile bezogen sich insbesondere auf die Frage Holztrog oder Metalltrog. Die Gegner behaupten, durch die Anwendung von Metalltrögen leide die Gärung. Darum sind in erster Zeit viele Knetmaschinen mit Holzbottichen ausgerüstet worden. Bei der modernen Maschine kennt man Holztröge schon lange nicht mehr. Anhänger der Metalltröge gießen nötigenfalls vorerst etwas wärmeres Wasser ein und warten mit dem Ansetzen solange, bis die Temperatur richtig ist. Während des Arbeitsprozesses in der Maschine tritt dann eine weitere Abkühlung nicht mehr ein. Zudem sind die Metalltröge ja auch erheblich besser zu reinigen als die Holztröge mit den Ecken. Unsauberkeit ist bei eisernen Trögen durchaus nicht zu befürchten, denn Eisen in Berührung mit Mehl rostet nicht, da das Mehl die gesamte Feuchtigkeit aufnimmt. Nach längerem Gebrauche erscheint das Eisen sogar wie poliert.

Ein nicht zu unterschätzender Vorteil bei der maschinellen Teigherstellung ist die Zeitersparnis. Bei der Handknetung schwankt die Leistung ganz erheblich durch die unwillkürlichen Ermüdungspausen, die Kraftmaschine dagegen paßt sich automatisch dem jeweiligen momentanen Kraftbedarfe an. Ringelmann hat den für einen Arbeitsgang erforderlichen Kraftbedarf experimentell untersucht, indem er während des Betriebes in zeitlicher Reihenfolge die Leistung der Maschine bestimmte. Das Ergebnis ist in Abbildung 22 (Siehe nächste Seite) graphisch dargestellt. Es zeigt sich, daß der Kraftbedarf allmählich mit der immer mehr erfolgenden Durchmischung des Teiges bis zu einem Höchstwerte zunimmt, um nach erfolgter endgültiger Bindung wieder etwas abzunehmen. Daß die Kurve in gewisser Höhe oberhalb der Grundlinie beginnt, hat seinen Grund darin, daß die Maschine außer der Knetarbeit auch noch das Getriebe bewegen und den Trog drehen muß. Dieser Anfangspunkt stellt damit die Leerlaufsarbeit dar, welche erforderlich ist, um die Maschine ohne Nutzarbeitsleistung in Betrieb zu erhalten. Zieht man vom Anfangspunkte der Kurve an eine horizontale Linie, so stellt das untere Rechteck die während des Arbeitsganges nutzlos verbrauchte

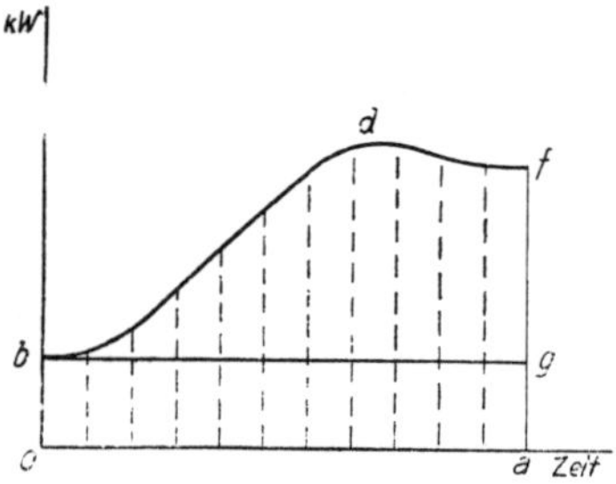

Abbildung 22: Kraftbedarfskurve für einen Knetprozeß.

Leerlaufsarbeit dar, der obere Teil allein entspricht der Nutzarbeit. Durch Vergleich des Rauminhaltes dieser beiden Flächen ist zu erkennen, daß ein großer Teil der aufgewandten Arbeit von der Leerlaufsarbeit eingenommen wird. Um möglichst wirtschaftlich zu arbeiten, ist es unter allen Umständen von Bedeutung, daß der Leerlaufsverbrauch der Maschine gering ist, denn zu vermeiden ist er ja nicht. Dieser ist wieder abhängig von der Art des Getriebes und von der Güte der Lagerung der umlaufenden Teile. Die Maschine, welche am wenigsten Zahnräder oder Schneckenräder besitzt, verhält sich hinsichtlich des Leerlaufsverbrauches am günstigsten.

Genauere Zahlenwerte, aus denen die Zusammensetzung der L e e r l a u f s v e r l u s t e für den leerlaufenden Motor, für den Motor mit Riemen und für Motor einschließlich Knetmaschine hervorgeht, sind aus der Kurve Abbildung 23 (Siehe nächste Seite) direkt in kW zu entnehmen. Die Kurve wurde während des Arbeitsganges einer Knetmaschine mit Hilfe eines registrierenden Wattmeters aufgenommen. Der Kurventeil zwischen der Zeit 3 und 4 stellt den Verbrauch während des eigentlichen Knetprozesses dar, wie er bereits durch Abbildung 22 näher erläutert ist.

Daß der A r b e i t s a u f w a n d bei verschiedenen Maschinen außerordentlich stark schwankt, haben die bereits erwähnten Versuche ergeben. Die höchsten Werte waren hierbei zweieinhalb mal so groß wie die Kleinsten, ohne daß bei den Erzeugnissen Unterschiede festgestellt werden konnten. Die Kurven der Abbildung 24 stellen die Grenzleistungen für eine größere Anzahl von heute vorzugsweise gebräuchlichen Knet-

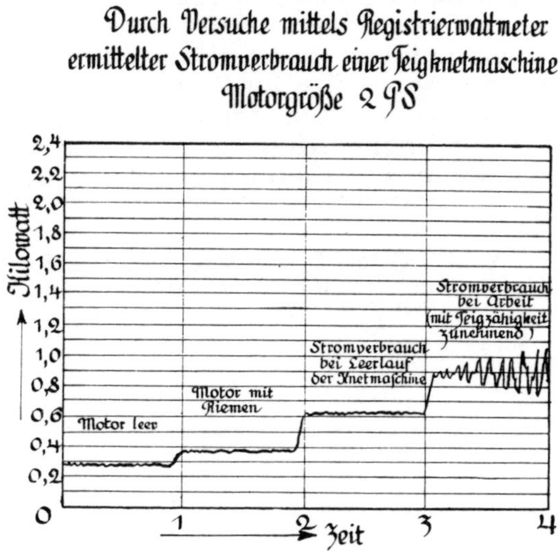

Abbildung 23: Aufteilung der Leerlaufsverluste u Kraftbedarf beim Kneten.
Abdruck aus Heft 3 der Schriften des Forschungsinstituts für rationelle Betriebsführung im Handwerk e. V. Karlsruhe „Rationelle Betriebsführung im Bäckerhandwerk"

maschinen in Abhängigkeit von der Teigmenge dar. Bei kleinen Teigmengen von etwa 50 kg ist der Kraft-

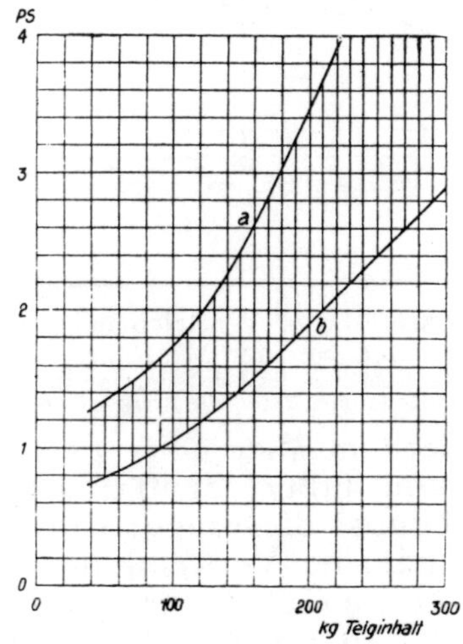

Abb. 24: Grenzkurven d. Kraftbedarfes bei modernen Teigknetmaschinen.

bedarf des ungünstigsten Maschinensystems (Kurve a) etwa 75 v. H. größer als der Kraftbedarf des günstigsten Systems. Bei Teigmengen über 200 kg ist der Unterschied schon nahezu 100 v. H. Zwar wird dieser Mehrverbrauch bei einigen Maschinensystemen hohen Kraftbedarfes dadurch zum Teil ausgeglichen, daß die für einen Arbeitsprozeß erforderlichen Zeiten geringer sind. Man ersieht hieraus, daß diese Umstände bei der Wahl einer Knetmaschine nicht vernachlässigt werden dürfen, wenn wirtschaftlich gearbeitet werden soll.

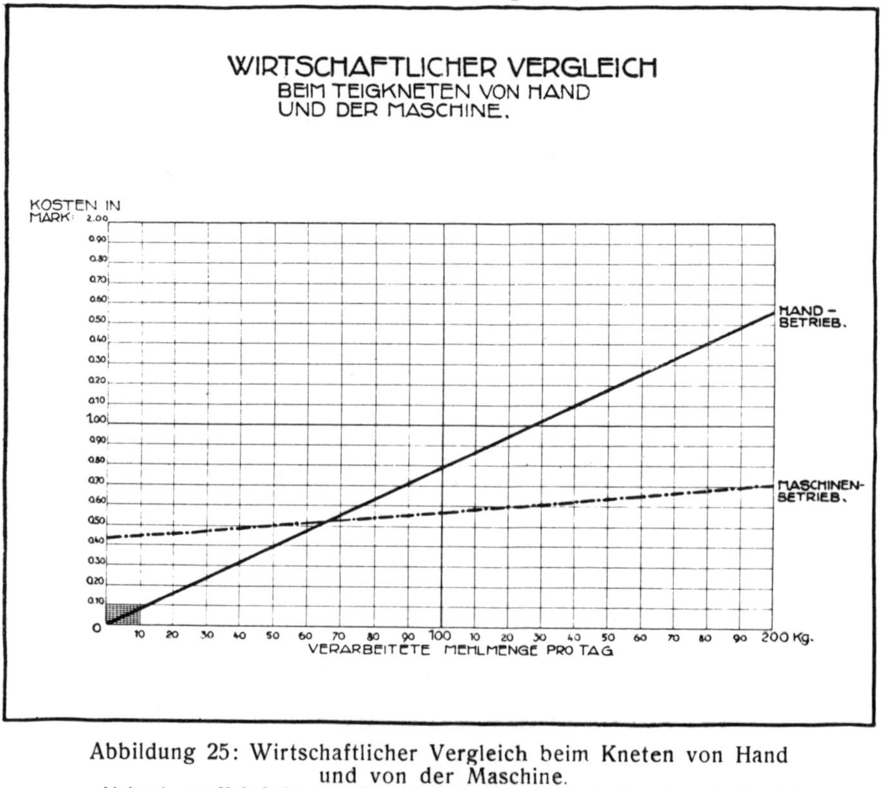

Abbildung 25: Wirtschaftlicher Vergleich beim Kneten von Hand und von der Maschine.

Abdruck aus Heft 3 der Schriften des Forschungsinstituts für rationelle Betriebsführung im Handwerk e. V. Karlsruhe „Rationelle Betriebsführung im Bäckerhandwerk"

Es sind außerdem aber noch zwei Punkte zu erwähnen, welche von außerordentlich großer Bedeutung sind. Zunächst einmal die Frage: Unter welchen Umständen wird durch die Verwendung einer Teigknetmaschine eine L e i s t u n g s s t e i g e r u n g des Betriebes erzielt? Hierzu ist zu sagen: Nicht die Anschaffung einer Maschine an sich macht die Fertigung des damit hergestellten handwerkerlichen Erzeugnisses schon wirtschaftlicher. Es ist in jedem Falle durch genaue Kostenermittlung die unterste wirtschaftliche Grenze der Fertigung mittels der Arbeitsmaschine gegenüber der Handarbeit zu ermitteln. Dazu dient die vom „Forschungsinstitut für rationelle Betriebsführung im Handwerk E. V. Sitz Karlsruhe,“ eingeführte Methode des wirtschaftlichen Vergleiches.

Das Beispiel der mit Abbildung 25 untersuchten Teigknetmaschine zeigt, daß diese Maschinenart billiger als die Hand arbeitet, wenn ein tägliches Mindestquantum von 68 kg Mehl erreicht wird. Unter diesem Quantum arbeitet die Maschine teurer als Hand. Der Schnittpunkt der

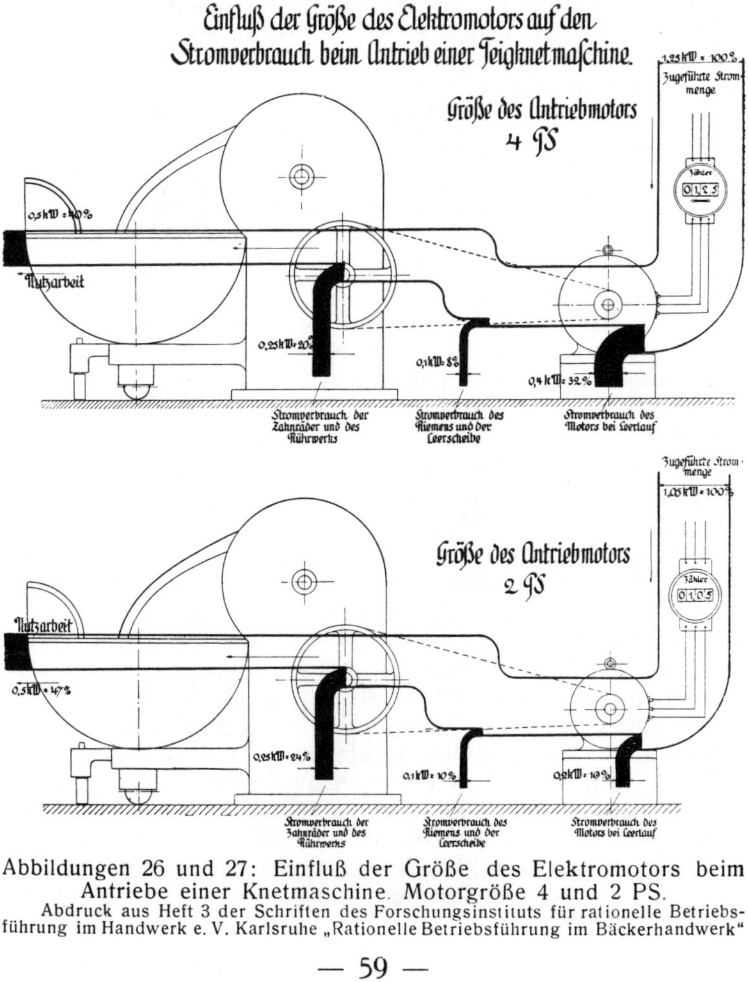

Abbildungen 26 und 27: Einfluß der Größe des Elektromotors beim Antriebe einer Knetmaschine. Motorgröße 4 und 2 PS.
Abdruck aus Heft 3 der Schriften des Forschungsinstituts für rationelle Betriebsführung im Handwerk e. V. Karlsruhe „Rationelle Betriebsführung im Bäckerhandwerk“

Kostenkurven der Hand- und Maschinenarbeit zeigt eindeutig diese unterste Grenze der wirtschaftlichen Maschinenverwendung.

Dazu kommt noch die zweite wichtige Frage: Wie groß muß der Antriebsmotor gewählt werden? Es ist bekannt, daß der Leerlaufverbrauch eines Motors mit seiner Größe wächst. Ist der Motor zu groß, so ergeben sich unnötige Ausgaben für Leerlaufsarbeit. Zur genaueren Verdeutlichung der auftretenden Verhältnisse dienen die auf der vorhergehenden Seite 59 enthaltenen Abbildungen 26 und 27, wobei die einzelnen Bestandteile einer Maschineneinrichtung hinsichtlich des Kraftverbrauches unter Zugrundelegung eines 4 PS bezw. 2 PS Motors untersucht sind. Nach diesem Beispiele zeigt sich, daß der 4 PS Motor zu groß gewählt ist, denn beim Betriebe mit nur 2 PS errechnet sich folgende Ersparnis:

	4 PS Motor		2 PS Motor	
Verbrauch des Motors	0,4 kW =	32 v. H.	0,2 kW =	19 v. H.
„ d. Riemens	0,1 kW =	8 v. H.	0,1 kW =	10 v. H.
„ d. Teigk.M.	0,25kW =	20 v. H.	0,25kW =	24 v. H.
„ d. Nutzarb.	0,5 kW =	40 v. H.	0,5 kW =	47 v. H.
	1,25 kW =	100 v. H.	1,05 kW =	100 v. H.
	— 1,05 kW			
Ersparnis	0,20 kW			

Die Ersparnis an Stromkosten durch Anwendung des richtig gewählten 2 PS Motors beträgt dann bei Annahme von 300 Betriebsstunden im Jahre 300 · 0,20 = 60 kWh (Kilowattstunden), oder bei einem Preise von 0,20 Mk. je kWh 60 · 0,20 = 12 Mk.

Die Produktion einer Teigknetmaschine kann in den meisten Betrieben nicht voll ausgenutzt werden, denn eine einzige Maschine ist imstande, fünf Oefen von gleichem Fassungsvermögen des Troges zu versorgen. Allgemein richtet sich die Größe der Maschine nach der Größe des Backofens. Doch auch hier gibt es eine Grenze; werden die Maschinen zu schwer, dann arbeiten sie bei geringeren Teigmengen sehr unwirtschaftlich. Bei starker Produktion, besonders wenn eine größere Anzahl von Oefen beschickt werden muß, empfiehlt es sich, mehrere kleinere Teigknetmaschinen aufzustellen, statt der Verwendung einer Größeren.

Nun zur praktischen Arbeitsweise der modernen Armteigknetmaschine. Da fast alle modernen Maschinen das Handkneten, sei es mit einem oder mit zwei Armen nachahmen, soll dieser Vorgang kurz erläutert werden:

Nach der mit etwas schnellerem Gange der Maschine erfolgten Mischung greift der Knetarm die Teig masse auf und zieht sie lang. Je nach der Art der Bewegung, welche der Knetarm infolge der verschiedenen Konstruktion der Maschine ausführt (Knetkurve), wird der Teig in verschiedenartiger Weise gewendet, gestrichen und gelüftet. Durch eine langsame Drehung der Trommel wird erreicht, daß der Knetarm jedesmal einen anderen Teil der Teigmasse aufgreift und bearbeitet, während der übrige Teil Zeit hat zum Ausruhen. Das ist von großer Wichtigkeit, denn viele Konstruktionen genügen gerade dieser Forderung nicht. Im Allgemeinen kann bei Maschinenteigen auch mehr Wasser zugesetzt werden als bei Handknetung, wegen der besseren und vor allen Dingen schnelleren Auflockerung und Lüftung. Der Gewinn an Teigmenge beträgt dabei je nach Art des Teiges bis zu 4 kg und mehr je Zentner Mehl. Bei normal gebräuchlichen Teigmengen beträgt die Zeit für einen Arbeitsprozeß nicht mehr als 5 bis 10 Minuten.

Nach Vorstehendem lassen sich die Bedingungen, welche für die Wahl einer Knetmaschine von Bedeutung sind, wie folgt kurz zusammenfassen:

1. Geringes Gewicht, bei kräftiger Bauart,
2. Einfache Konstruktion, wenig Getriebe, gekapseltes Gehäuse,
3. Einfache, leichte Reinigung,
4. Auswechselbare, fahrbare Tröge,
5. Auswechslung der Tröge bei höchster Armstellung,
6. Keine Schmierstellen über dem Troge,
7. Vermeidung von Unglücksfällen (Schutzeinrichtungen),
8. Verschiedene Geschwindigkeiten für Mischen und Kneten,
9. Keine starken Maschinengeräusche,
10. Kein Zerreissen des Teiges, sondern Nachahmung des Handknetens, kein Herauswerfen von Mehl beim Mischen,
11. Geringer Kraftverbrauch bei Leerlauf,
12. Eignung für sämtliche Teigarten und Möglichkeit der Verarbeitung kleiner Teigmengen (Sauerteig!),

Daß die Maschinen nur dann dauernd ihre Arbeit zur vollen Zufriedenheit verrichten können, wenn sie richtig gewartet und gepflegt werden, bedarf wohl keiner besonderen Erwähnung.

Die sich auf die Konstruktion und den Betrieb beziehenden Einzelheiten aller in Frage kommenden Maschinen, sind in der speziellen Abhandlung des folgenden Abschnittes ausfürlich beschrieben.

2. Die Backöfen.

Der alte gewöhnliche, aus dem Mittelalter übernommene Backofen mit Innenfeuerung hat sich bis zum Ende des 19. Jahrhunderts viele Verbesserungen gefallen lassen müssen, ohne sich jedoch dadurch zu behaupten. Er wurde zum geschichtlichen Ofen, wenn auch heute noch eine große Anzahl verbesserter Konstruktionen in Gebrauch sind.

Schon früh haben die Bestrebungen eingesetzt, das teure Holz als Brennstoff durch die Steinkohle zu ersetzen. Sicher waren auch schon mehr oder weniger geeignete Ofenkonstruktionen gefunden worden, welche die Verwendung von Steinkohle zuließen, denn nach einer Urkunde aus dem Jahre 1520 erlaubte die medizinische Fakultät der Pariser Universität den Bäckern die Verwendung der Steinkohle unter gewissen Vorsichtsmaßregeln. Als aber 33 Jahre später die Stadt von einer Epidemie heimgesucht wurde, die man dem im Steinkohlenofen gebackenen Brote zuschrieb, wurde der Gebrauch der Steinkohle in der Bäckerei wieder verboten. Da die Wissenschaft damals noch in den Kinderschuhen steckte, ließen sich die Bäcker täuschen und die Bevölkerung lehnte den Steinkohlenbackofen ab. Erst um 1800 herum, also nach rund 250 Jahren, kam der Steinkohlenbackofen wieder auf, nachdem schon eine Reihe von Verbesserungen an den mit Holz gefeuerten Öfen bekannt waren.

Mit dem Fortschreiten im Ofenbau wurde auch die erzeugte Ware immer besser, sodaß es nicht zu verwundern ist, daß auch der Gaumen verwöhnt wurde und nach immer feineren Gebäckarten verlangte. Dadurch erwuchsen dem Backofenbauer wieder neue Aufgaben. In welcher Weise die dabei zu überwindenden Schwierigkeiten gelöst wurden, soll in der nachfolgenden systematischen Entwicklung der Backöfen gezeigt werden.

Systematische Entwicklung der Backöfen.

In der Hauptsache sind hier nur zwei Gruppen zu unterscheiden, und zwar einmal die Öfen mit direkter Heizung, d. h. bei denen die Backplatte direkt mit den Feuergasen in Berührung kommt und solche mit indirekter Heizung, bei denen der Backraum mit Heizgasen überhaupt nicht in Berührung kommt. Die konstruktiven Einzelheiten der Öfen sind aus Abschnitt II zu entnehmen.

Gruppe 1:

Backöfen mit direkter Heizung. (Abb. 28).

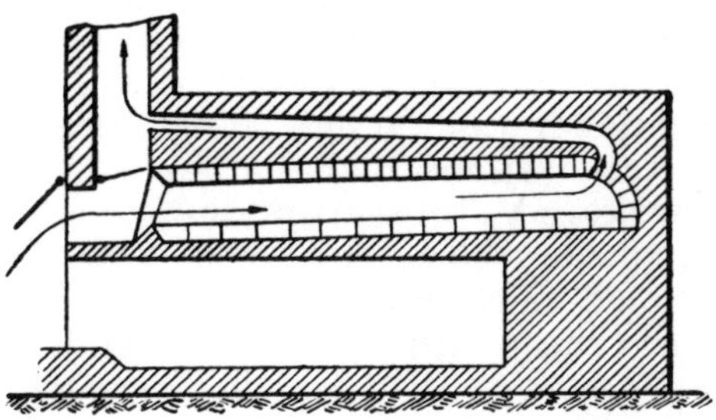

Abbildung 28: Schema eines Backofens mit direkter Heizung.

a. Öfen mit reiner Innenfeuerung, bei denen das Feuer unmittelbar auf der Sohle des Backofens liegt und vor Beginn des Backens ausgeräumt wird, wie bei den mittelalterlichen und ländlichen Bauarten. Die einfachste Form wird 1767 von Malouin verbessert durch Anbringung eines Schornsteines.

b. Öfen mit Rauchabzugskanälen, durch welche die Heizgase geführt werden, unter gleichzeitiger Förderung der Verbrennung. Der 1789 in Brest aufgestellte Ofen hat einen Abzugskanal in der Mitte des Gewölbes. Bei Ressort und Ferrand liegen die Abzugsöffnungen ganz im hinteren Teile des Ofens, damit die Heizgase über die gesamte Sohle hinwegstreichen müssen. Mousseau erreicht durch dreimaliges Wechseln des Feuerplatzes und Steuerung der Heizgase durch drei Öffnungen der Abzugskanäle unter Zuhilfenahme von Ventilklappen eine bessere Wärmeausnutzung. Während der Backzeit werden die Rauchabzugskanäle geschlossen gehalten.

c. Öfen mit Rostfeuerung. Durch Anwendung von Rosten wird der Gebrauch von Steinkohle ermöglicht. Chaffers ordnet den Rost in der Mitte der Sohle an, Branden zieht die seitliche Rostfeuerung vor. 1805 führt Beaudour die Hinterfeuerung ein, wobei die Feuergase die ganze Backplatte bestreichen. Ein Doppelofen mit Hinterrostfeuerung ist von Salligue ausgeführt. Dolson (England) baut 1814 einen Ofen, bei dem die Rostfeuerung seitlich neben dem Mundloche liegt, sodaß die Flamme bis zu dem hinteren Ofenende durchschlagen muß. Bei dem 1829 von Giraud errichteten Glockenofen liegt die Rostfeuerung in der Mitte unter dem Ofen. Rumfort vereinigt sechs Öfen mit einer gemeinsamen zentral gelegenen Rostfeuerung. Beim Manchesterofen ist die Feuerung unter das Mundloch verlegt. Diese Art der Rostanordnung ist bei den meisten weiteren Öfen dieses Systems beibehalten worden.

Eine weitere Verbesserung zeigt der Idealofen mit künstlichem Unterzug und Vorwärmung der Frischluft. Biabaud (1864) leitet die Frischluft zur Vorwärmung zunächst durch angewärmte Kanäle. Baudu (1868), Hadancourt und Andere lassen die Heizgase durch ein schnabelförmiges Mundstück austreten und erzielen so eine intensivere Hitzeentwicklung auf der Backplatte. Die Öffnung des Mundstückes kann nach erfolgtem Heizen durch eine Klappe zugdicht verschlossen werden.

Die letzte Verbesserung des Systems wird erreicht durch Ausbildung von kippbaren oder versenkbaren Rostfeuerungen, welche mechanisch betätigt werden und nach dem Absenken den Backraum abschließen. Mousseau und andere bauen ihre Öfen nach diesem Prinzip. Der letzte moderne Vertreter dieser Ofengattung ist der Grundmann-Patentbackofen mit fahrbarer Rostanlage.

d. Öfen mit direkter Gasfeuerung. Entweder werden die Gasbrenner nur in das Mundloch eingeschoben und nach dem Heizen wieder entfernt (beweglicher Gasbrenner Rapid) oder aber die Brenner sind im vorderen Teile des Backraumes fest eingebaut. Die Flamme zieht sich über die Backplatte bis zur am hinteren Ende des Ofens gelegenen Abzugsöffnung hin. Backofen Cryptos und Ofen von Minne (1920). Während die meisten der vorgenannten Bauarten lediglich mit Gasfeuerung ausgerüstete Öfen älterer Konstruktion sind, werden die heutigen modernen Öfen dieser Art, wie Steinreflex, Telescocar usw. in ihrem ganzen Aufbau der direkten Gasfeuerung angepaßt.

Durch die vorstehende Uebersicht werden wohl alle auch hier nicht erwähnten Ausführungen von Öfen mit direkter Feuerung erfaßt. Im allgemeinen sind die Öfen mit direkter Heizung wegen des unvermeidlichen Austrittes von Gasen in die Backstube gesundheitsschädlich. Wenn auch die Rostfeuerung die Verwendung von verschiedenen Brennstoffen gestattet, so arbeitet sie doch noch nicht ökonomisch genug, da zuviel Wärme verloren geht. Empfindlich sind auch die teilweise zahlreichen Ventile; sie müssen absolut dicht schließen, wenn größere Verluste vermieden werden sollen. Die häufige Reinigung der Rauchzüge belasten den Betrieb unnötigerweise. Wenn ferner auch durch zweckentsprechende Konstruktionen das Hineinfallen von Backware in den Feuerraum und umgekehrt die Berührung des Brennmateriales mit der Backware vermieden werden konnte, so hat doch mit der Zeit eine Summe von Unzuträglichkeiten dazu geführt, diese Ofensysteme zu verlassen und zur indirekten Feuerung überzugehen. Damit ist aber nicht gesagt, daß diese Öfen nun ganz von der Bildfläche verschwunden sind; in bestimmten Gegenden werden sie unter dem Namen „deutscher Kohlenofen“ wegen des guten Nachdruckes beim Backen heute noch vorgezogen, sei es als Ofen mit Brustfeuerung, Seitenfeuerung, Kipprosten oder fahrbaren Rosten. Daneben hat der moderne, direkt mit Gas gefeuerte Ofen wohl die größten Aussichten auf eine Weiterentwicklung, weil er alle Vorzüge des Kohlenofens in sich vereinigt, ohne dabei dessen Nachteile mit zu übernehmen.

Gruppe 2:

Backöfen mit indirekter Feuerung. (Abb. 29).

a. Unterzugsöfen. Der Vorgänger dieser Bauarten stammt von Aribert (1832). Vollkommener ist die Konstruktion von Jametel und Lamare (1834), welche die Heizgase durch Kanäle führen, die sich unter der Backofensohle befinden. Die Ausführung der Unterzugsöfen ist mehrfach verbessert worden, so z. B. 1880 von Perret und von Mahot (1900). Neben den verbesserten Unterzugsöfen (z. B. Helisparofen), sind diese

Öfen in Deutschland meist als mehrherdige, größtenteils durch Gas gefeuerte Konditor- und Zwiebackröstöfen bekannt.

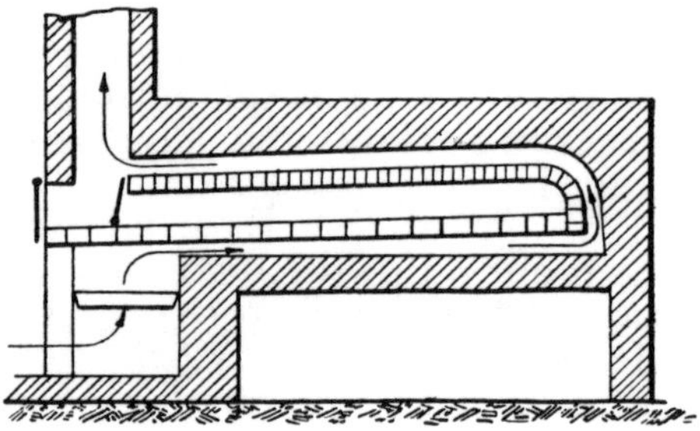

Abbildung 29: Schema eines Backofens mit indirekter Heizung.

b. Dampfbacköfen. Dieser ist wegen seiner Einfachheit zur Zeit der am meisten verlangte Ofen. Die Feuerungsanlage ist vom Ofen getrennt. In ihr werden die einen Seiten von mehreren, an beiden Enden zugeschweißten Stahlröhren, welche mit einer Flüssigkeit teilweise gefüllt sind, erhitzt. Die durch den hochgespannten Dampf erzeugte Wärme wird mit verhältnismäßig geringen Verlusten zum Backen ausgenutzt. Infolge der guten Isolierung des Backraumes wird eine gute Wärmeaufspeicherung erzielt. Ein großer Vorteil liegt in dem schnellen Anheizen der Öfen. Von den Dampfbacköfen sind eine große Zahl verschiedener Bauarten bekannt, die sich im wesentlichen durch den Aufbau der Feuerungsanlage unterscheiden. Man kennt Öfen mit Planrost- und Korbrostfeuerung (Sparfeuerung).

Der Dampfbackofen geht zurück auf Perkins, der zum ersten Male zugeschweißte, mit Wasser gefüllte Röhren benutzte.

c. Elektrische Backöfen. Sie sind die letzte Errungenschaft des Backofenbaues. Die gesamte Feuerungsanlage kommt in Fortfall. Die Öfen brauchen weniger Platz und lassen sich sehr schnell anheizen und auch leicht regulieren. Die Verwendung ist abhängig von dem jeweiligen Strompreise am Verwendungsorte.

Bei den in der zweiten Gruppe beschriebenen mit indirekter Heizung versehenen Ofenanlagen ist ein reinlicher, hygienischer Betrieb jederzeit gewährleistet, weil kein Feuerungsmaterial, keine Asche und kein Rauch in die Backstube gelangt. Die Behinderung der Arbeit durch zu große Hitzeausstrahlung ist bei den modernen Öfen auf ein Mindestmaß herabgesetzt. Hervorzuheben ist ferner die einfache Bedienung und die Möglichkeit des ununterbrochenen Betriebes. da ja der Backraum unabhängig von der Feuerung ist. Mit Ausnahme der Unterzugsöfen können diese Öfen in kleinsten Modellen hergestellt werden, sind also vom Kleinstbetrieb bis zum Großbetriebe gleich gut zu verwenden.

Eine dritte Gruppe von Backöfen ergibt sich aus der Vereinigung des deutschen Kohlenofens mit direkter Beheizung und eines Dampfbackofens. In der Regel ist der untere Herd mit direkter Heizung versehen. Nach dem Austritt der Heizgase werden diese an den Rohrreihen des oberen Herdes vorbeigeführt. Die Ausführungsform ist bekannt geworden unter dem Namen Mirusbackofen.

Einteilung der Backöfen.

a. Hinsichtlich der Brennstoffe.

Holzheizung ist heute in den Gewerbebetrieben fast gänzlich verlassen, wegen des zu hohen Preises. Auf dem Lande bei Innenfeuerungsöfen dagegen ausschließlich gebräuchlich. Der Heizwert je kg. für Holz liegt zwischen 2400—3700 Wärmeeinheiten (W. E.).

Torf, Brikett, Braunkohlen und Steinkohlenheizung kommt für alle modernen Öfen in Frage. Welches Material vorzugsweise zu verwenden ist, hängt vom Gestehungspreise ab. In Torfgegenden heizt man mit Torf, in Braunkohlengegenden mit Braunkohle usw. Die Heizwerte sind gewöhnlich für:

Torf	2000—4200 W. E.
Steinkohlen . .	6100—7500 W. E.
Steinkohlenbriketts	6200—7600 W. E.
Braunkohlenbriketts	4400—5200 W. E.

Gasheizung. Die Leuchtgas- und Generatorgas- bezw. in Industriegegenden die Gichtgasheizung hat den Vorzug der großen Reinlichkeit und erfordert nur geringe Bedienung. Gefährlich wird das Leuchtgas nur, wenn es mit Luft gemischt in den Schornstein gelangt und dann entzündet wird. Eine Explosion ist die unvermeidliche Folge. Daher gilt die Regel: Erst anzünden, dann Gashahn aufdrehen. Wenn nicht eine sicher wirkende automatische Zündung vorgezogen wird. Ideal ist die Gasheizung für Konditorherde und sonstige Spezialöfen. In England sind fast sämtliche Öfen der Brot- und Keksindustrie mit Gasfeuerung ausgerüstet. Heizwert für Leuchtgas etwa 5100 W. E. je cbm.

Die vor einiger Zeit in Aufnahme gekommene Heizung mit Masut oder Rohöl hat in Deutschland wenig Anhänger gefunden und ist wohl nur als Verlegenheitsmittel der Nachkriegszeit zu betrachten, in der das Rohöl wegen seiner Preiswürdigkeit geschätzt wurde. Die Umständlichkeit der Rohölheizung und der Umfang der erforderlichen Nebeneinrichtungen haben wohl mit dazu beigetragen, die Einführung, trotz der unverkennbaren Vorteile, zu unterbinden.

Dampfheizung. Die Dampfheizung ist keine allgemeine Heizungsart, sondern eben die spezielle Heizung der Dampfbacköfen. Der Dampf wird in nahtlosen, an beiden Enden dicht geschweißten Stahlrohren, welche zum Teil mit Wasser oder einer anderen verdampfbaren Flüssigkeit (Salzlösung, Naphtalin) gefüllt sind, erzeugt. Dabei werden die Röhren etwas schräg gestellt, damit das kondensierte Wasser stets wieder zurücklaufen kann. Die Sicherheit der Dampfheizung liegt in der Materialfestigkeit der Heizröhren (Perkinsröhren) [1]. Welch hohe Dampfdrücke beispielsweise bei Wasserdampf auftreten können zeigt nachstehende kleine Tabelle:

Temperatur	0 °	Dampfüberdruck	etwa	0 Atm.
„	100 °	„	„	1 „
„	200 °	„	„	16 „
„	300 °	„	„	87 „

Um Brüche zu vermeiden, werden daher die Röhren vor dem Einbau in den Backofen von den Fabriken mit einem hohen Druck (bis zu 800 Atm.) auf Sicherheit geprüft. Da der Dampf aus den beiderseits hermetisch verschloßenen Röhren nicht entweichen kann, bleiben dieselben ohne jede Bedienung stets gebrauchsfähig. Die Frage der Wirtschaftlichkeit der Dampfbacköfen bezieht sich immer nur auf die zweckmäßige Anordnung der Feuerung. Die Dampfheizung ist bis heute mit Ausnahme der elektrischen Heizung noch nicht übertroffen worden.

Elektrische Heizung. So angenehm die elektrische Heizung ist, so hat sie doch trotz der großen

[1]) Deutsche Fabrikate stammen von Mannesmann u. Rheinmetall.

Vorteile den einen Nachteil, daß sie nur da angewandt werden kann, wo die Strompreise so gering sind, daß der elektrische Betrieb dem Dampfbackofen gegenüber konkurrenzfähig bleibt. Dieses ist aber auch das einzige Hindernis, welches einer allgemeinen Einführung der elektrischen Backofenheizung heute noch entgegensteht. Ueberall da, wo der Preis des Stromes keine Rolle spielt, wie z. B. auf Schiffen, hat sich der elektrische Backofen sehr schnell eingebürgert.

Weiteres über elektrische Heizung siehe weiter unten.

b. Hinsichtlich der Bauart.

Die ursprüngliche Grundform des Backofens ist der Einschießofen. Die Backware wird direkt durch das Mundloch (Einschießtür, Schruft) in den Backraum geschoben. Sind mehrere getrennte Backräume bei einem Ofen vorhanden, so hat man es mit Doppel- bezw. Mehrherd-Öfen zu tun (Etagenöfen). Dabei ist es nicht immer notwendig, daß jeder Herd seine besondere Feuerung hat, es kann der obere Herd auch durch die Abgase geheizt werden und wird, weil dann die Temperatur gewöhnlich um 30° geringer ist als im unteren Herde, für feinere Weißwaren und Konditorzwecke benutzt. Einige Bäcker ziehen bei Etagenöfen eine untereinanderliegende, andere eine gegeneinander versetzte Anordnung der Einschießtüren vor. Bei tiefliegendem Unterherde ist häufig die Anordnung einer Fußgrube notwendig, andernfalls wird für die Bedienung des oberen Herdes eine ausfahrbare Treppe vorgesehen. In neuerer Zeit werden auch die Öfen der kleineren Bäckereien schon als Auszugsöfen gebaut, entweder mit einfachen oder doppelten Auszugsherden. Die eigentliche, aus Eisen hergestellte Backplatte läuft dabei auf Rädern und kann ausgefahren werden. Sind zwei Auszugsherde vorhanden, so müssen die Fahrräder der oberen Backplatte an gekröpften Armen montiert werden, damit beide Herde unabhängig voneinander ausgefahren werden können.

Ist bei einem Ofen mit mehreren Herden der eine Herd mit eigener Heizung (Rohrheizung bei Dampfbacköfen), der andere aber mit Abwärmeheizung (Kanalheizung) versehen, oder bei Auszugsöfen noch ein fester Herd vorhanden, so nennt man eine derartige Zusammenstellung Kombinations-Ofen. Die Ausführung irgend welcher Kombinationen ist gewöhnlich von den Betriebsverhältnissen der Bäckerei abhängig.

Eine weitere, mehr für den Großbetrieb zugeschnittene Ausführungsform ist der kontinuierliche Ofen [1]), welcher in ununterbrochener Tätigkeit ist. Ein spezieller Fall dieser Ofengattung ist der Drehherd-Ofen, Abbildung 30, bei welchem die kreisförmige Backplatte automatisch umläuft und häufig als Etagenofen mit mehreren festen Herden kombiniert ist. Die

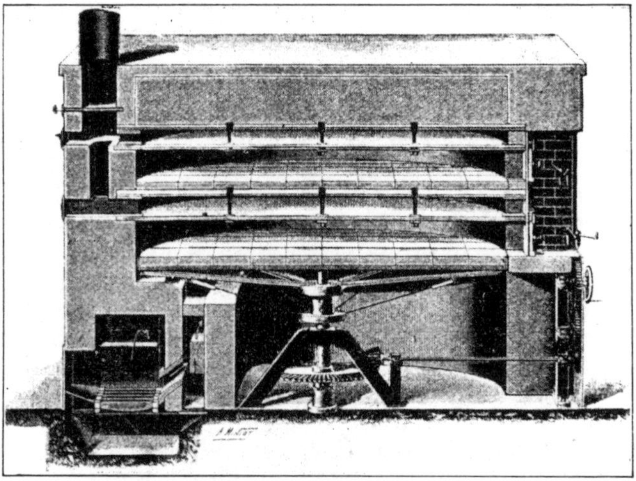

Abbildung 30: Französischer Drehherdofen.

meisten kontinuierlich arbeitenden Öfen haben in Gehängen liegende Backplatten, die den Ofen langsam durchwandern. Bei einer anderen Art von kontinuierlichen Öfen laufen durch den langgestreckten Backraum mehrere Ketten. Die losen Backplatten werden von dem endlosen Bande durch den Ofen transportiert. Wegen der Verwendung von Ketten heißen diese Öfen Kettenöfen. Oder wegen des tunnelförmigen Herdraumes auch Tunnelöfen. Sie werden auch mit zwei übereinander liegenden Herden ausgeführt.

Bei halb- oder vollautomatischem Betriebe werden vielfach Gärbackofen benutzt, bei denen die in

[1]) Kontinuierlicher Backbetrieb wird gewöhnlich so verstanden, daß im gleichen Herde ein Schuß nach dem andern verbacken werden kann, ohne daß durch Wiederaufheizen des Herdes Backpausen entstehen. Der Dampfbackofen gestattet also einen kontinuierlichen Betrieb, der deutsche Kohlenofen mit direkter Heizung dagegen nicht.

Gehängen laufenden Backplatten zuvor einen, mit dem Backofen vereinigten Gärschrank durchwandern.

c. Hinsichtlich der Verwendung.

Der Hauptvertreter der Backöfen ist der Brotbackofen. Man unterscheidet Öfen, in denen vorzugsweise Schwarzbrot, und solche, in denen hauptsächlich Weißbrot gebacken werden soll. Für Schwarzbrot ist der direkt geheizte Ofen, ob er nun mit Kohle oder Gas geheizt wird, ist gleichgültig, nach dem Urteile vieler Bäckermeister vorzuziehen. Besonders kommt dies bei ganz schweren Brotsorten, z. B. Pumpernickel (in Einzelgewichten bis zu 60 Pfund) in Frage. Bei Dampfbacköfen mit Auszugsherden benutzt man die letzteren gerne für angeschobenes Schwarzbrot, während der Einschießherd mehr für Weißbrot gewählt wird. Zum Gersteln von Backware sind häufig besondere Gerstelöfen in Gebrauch, welche mit Gasheizung versehen, oder für leichtes Brennholz eingerichtet sind. Automatische Öfen mit wandernden Backplatten oder Schaukeln sind für Weißbrote sowie Kastenbrote gut geeignet. Bei Großbrot mit über 50 v. H. Roggenmehlzusatz ergeben sich bei diesen Öfen aber bereits Schwierigkeiten.

Für Weißwaren, Brötchen usw. kommt hauptsächlich der Einschießbackofen mit Dampfheizung zur Anwendung, weil er einen kontinuierlichen Betrieb gestattet. Für feinere Weißwaren sind diese Öfen meist noch mit einem durch Abhitze geheizten (Kanalheizung) Ausbackeinschießherd versehen. Sind größere Mengen von Weißwaren herzustellen, so ist der automatische Wanderofen zweckmäßig zu verwenden.

Die Konditoröfen sind für sich in der Bauart bedeutend anspruchsloser. Abgesehen von diesen reinen Konditoreiöfen benutzt man in kleineren Bäckereien mit geringerem Bedarfe an Konditorwaren den Ausbackherd (mit Kanalheizung) des Kombinationsofens; bei Betrieben, welche vorzugsweise Konditorwaren herstellen, aber einen Auszugsherd. Normalerweise ist für Konditoröfen ein Schwadenapparat nicht nötig.

Für Bäckereien, welche im Nebenbetriebe Zwieback herstellen, ist ein kontinuierlich arbeitender Zwiebackröstofen von Vorteil. Diese Öfen werden meist als Dampfbacköfen mit mehreren Etagen aufgestellt.

Von der Bäckerei abgesonderte Betriebe brauchen verschiedene Spezialöfen. So z. B. den Keksofen, der gewöhnlich als kontinuierlich automatisch arbeitender Kettenofen ausgeführt wird. Sind neben dem Keks auch noch größere Mengen Konditorwaren fabrikationsmäßig herzustellen, so kommen Zweietagenöfen (Kettenöfen) zur Verwendung, wobei der obere Herd für Keks und der untere Herd vorzugsweise für Konditorwaren benutzt wird. In ähnlichen Öfen werden auch Schiffsbrot, Honigkuchen, Hundekuchen usw. gebacken.

Die Waffelbacköfen sind ihrem Sonderzwecke entsprechend anderer Konstruktion (Siehe Waffelfabrikation, Abschnitt III).

Als Schiffsbackofen herrscht der elektrisch beheizte Ofen vor. Er wird meistens als Zweideckofen ausgeführt und dient nicht allein zur Herstellung von Backwaren, sondern wird auch zum Anbraten spezieller Fleischgerichte benutzt.

Hausbacköfen, zum Teil auch fahrbar, werden in Anstalten, Sanatorien usw. zuw Backen von Semmeln, Brot, Kuchen und dergleichen, sowie auch zum Obstdörren verwandt.

Konstruktive Ausführung der Backöfen.

a. Bauausführung und Material.

Es sind allgemein drei Ausführungsarten zu unterscheiden:

der festaufgestellte Ofen,
der transportable Ofen,
der fahrbare Ofen.

In Bezug auf die konstruktive Ausführung gibt es gemauerte Öfen und solche aus Blechkonstruktion.

Bei feststehenden Öfen werden die äußeren Wände in Ziegelmauerwerk errichtet und mit Glasursteinen verblendet. Die Sohle, das Gewölbe und die Züge im Inneren sind mit feuerbeständigen Steinen ausgekleidet. Die Backplatte wird heute fast ausschließlich mit dünnen Chamottesteinen (Radeburger Backofen-Herdplatten) belegt, da diese Ausführung dem früher gebräuchlichen Lehmschlagherde gegenüber mehrere Vorzüge aufweist.

Diese Chamotteplatten, die nicht allein für die Herdplatte, sondern gegebenenfalls auch für das Gewölbe benutzt werden, geben durch ihren Falz (Abbildung 31) einen sicheren Verband. Sie speichern die Wärme schnell auf, geben sie aber langsam wieder ab. Ein

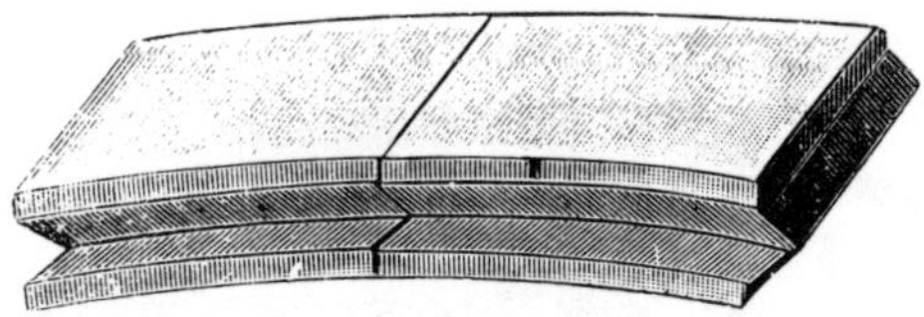

Abbildung 31: Radeburger Falzplatten.

weiterer Vorzug ist der, daß sie beim Löschen der Herdplatte, wie es bei gewissen Ofensystemen noch erforderlich ist, ohne zu Springen wegen ihrer Porosität namhafte Mengen Wassers aufnehmen, was der Schwadenbildung zu Gute kommt.

Abbildung 32 zeigt den konstruktiven Aufbau eines Grundmann Backofens mit Patentfeuerung als Beispiel eines direkt beheizten Ofens.

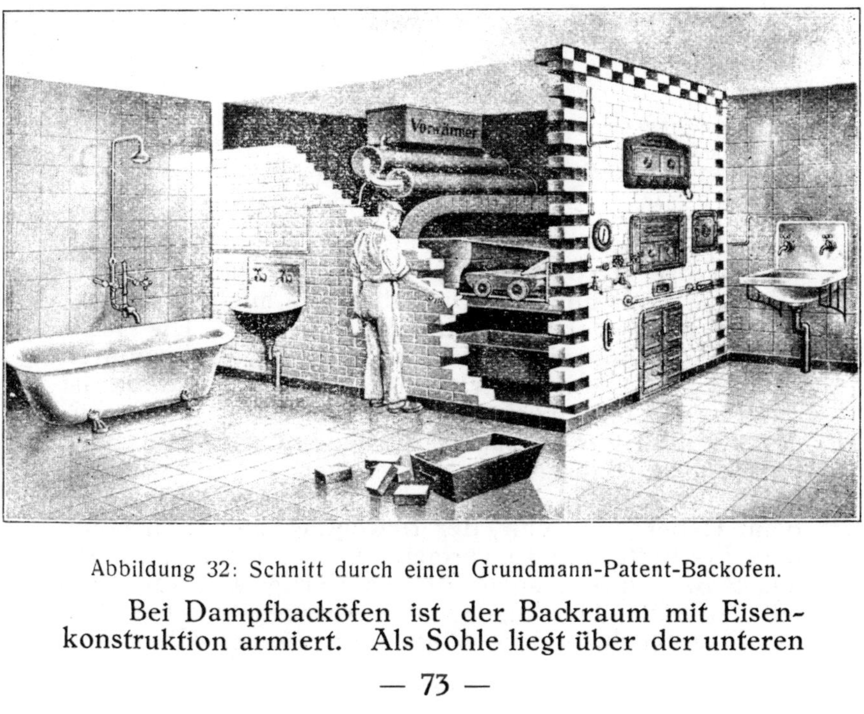

Abbildung 32: Schnitt durch einen Grundmann-Patent-Backofen.

Bei Dampfbacköfen ist der Backraum mit Eisenkonstruktion armiert. Als Sohle liegt über der unteren

Rohrreihe eine Eisenplatte, während die Decke als Wellblechwand ausgeführt ist, unter der die obere Rohrreihe direkt angebracht ist. Abbildung 33 stellt den Schnitt durch einen modernen Dampfbackofen mit zwei Einschießherden und einem Ausbackherd dar.

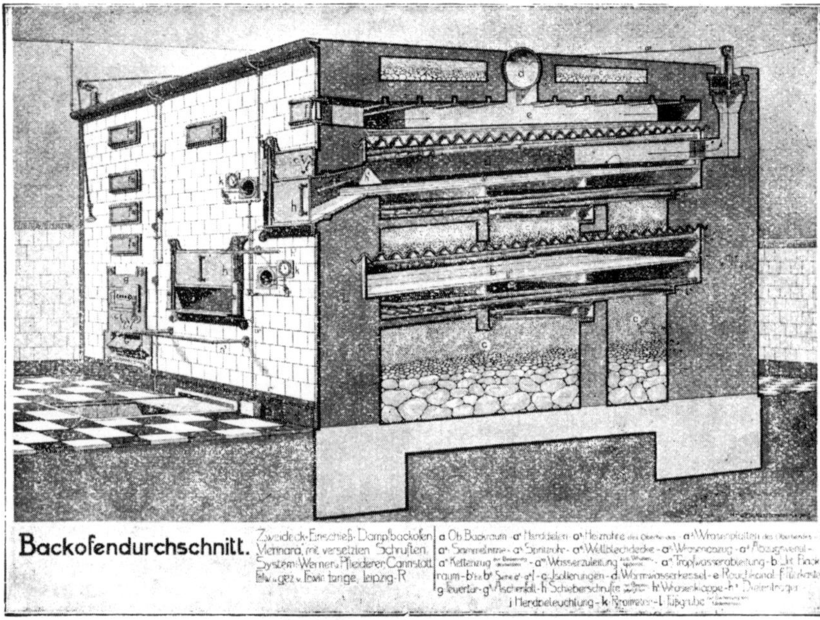

Abbildung 33: Schnitt durch einen „Viennara"-Zweideck-Einschieß-Dampfbackofen.

Bei Auszugsherden (siehe Abb. 37 auf Seite 80-81) besteht das Herdgestell aus 4 starken Trägern (Universalprofileisen), um jede Durchbiegung auch bei stärkster Belastung der Herdplatte zu verhindern. Die Herdplatte läuft auf dem Fahrgestell auf Kugeln, wodurch ein leichter Gang erreicht wird. An jedem Ende ist das Herdgestell zweckmäßig mit sorgfältig durchgebildeten Puffern zu versehen, die jeden harten Stoß beim Ein- und Ausfahren des Herdes verhindern. Wichtig ist ferner, daß die Herde selbst abgefedert sind, um beim Uebergange von der Bewegung zum Stillstande jede Erschütterung zu vermeiden, was nicht allein für das Brot, sondern auch für das Herdgestell von Vorteil ist. Die Herdplatten der Auszugsöfen bestehen aus Eisenblech, welche häufig mit dünnen Chamotteplatten belegt werden. — Auszugsherde sind immer ebener Bauart, während Einschießöfen mit steigenden (wie bei Abbildung 33) oder ebenen Herden ausgeführt werden.

Neu erstellte Öfen müssen vor Inbetriebnahme ausgeheizt werden, wozu in der Regel 4 Tage notwendig sind. Am ersten Tage darf die Temperatur bei offenen Türen und Schiebern und ununterbrochener Heizung 30° C nicht überschreiten, am zweiten Tage geht man unter gleichen Verhältnissen bis auf 80° C Dann werden Schieber und Türen geschlossen und am dritten Tage bis 160° und am vierten Tage bis 220° geheizt.

Bei der Anlage eines neuen Backofens ist besonderer Wert darauf zu legen, daß die Rauchabzüge, Schieber usw zu Reinigungszwecken jederzeit in einfacher Weise freigelegt werden können.

Nun noch ein Wort zur Wärmeausstrahlung des Backofens. Es ist allgemein bekannt, daß die Backofentemperatur aller Dampfbacköfen während der Betriebsruhe bis zu 50° und mehr herabsinken, sodaß früh beim ersten Anheizen, um den Ofen wieder backfähig zu machen, ganz gewaltige Mengen von Kohlen aufgewendet werden müssen. Man muß daher Sorge dafür tragen, daß die Wärmeausstrahlung so weit wie möglich verringert wird. Am besten eignen sich hierzu Wärmeschutzkammern, wie sie z. B. beim Mairich Backofen (Abb. 37) angewandt werden.

Es handelt sich bei dieser Einrichtung um die Anlegung einer Luftisolierkammer zwischen den Heißluftkanälen des Ofens und dem Schornstein oder Hauptzugkanal, welche durch einen schweren, dicht schließenden sogenannten Heißluftabstellschieber und dem gewöhnlichen Abstellschieber gebildet wird. Bei Betriebsschluß werden diese beiden Schieber geschlossen, wodurch eine ruhende Luftsäule (ähnlich wie bei einem Doppelfenster) in der Kammer entsteht, die dazu dient, die noch bei Betriebsschluß in den Heißluftkanälen, im Inneren des Ofens und in den Heizröhren befindliche Wärme nach außen hermetisch abzuschließen. An sich eine sehr einfache Sache, jedoch von großer Wirkung.

Durch diese Einrichtung wird erreicht, daß die damit ausgestatteten Dampfbacköfen bei 10 bis 14-stündiger Betriebsruhe nur sehr wenige Grade an Backhitze verlieren, sodaß früh beim Anheizen nicht wie bisher das 3 bis 4-fache, sondern nur etwa $^{1}/_{8}$ mehr Kohle und Zeit zum Anheizen des Ofens benötigt werden, als man sonst von Schuß zu Schuß gebraucht.

Backofen-Feuerungen.

Die Feuerung des Backofens ist ein Kapitel für sich und steht in engem Zusammenhange mit dem Ofensystem. Am schwierigsten gestaltet sich das Heizen des direkt beheizten Ofens, da es lediglich auf Erfahrung beruht und die erforderliche Brennstoffmenge für jeden Zweck und Ofen vorerst durch Versuche festgestellt werden muß. Ist die Brennstoffmenge zu Beginn des Heizens nicht richtig gewählt, so wird die Temperatur entweder zu hoch oder zu niedrig und beides ist gleich unangenehm, denn einmal besteht die Gefahr, daß bei zu niedriger Temperatur der Schuß ungenügend ausgebacken wird und andererseits bei zu hoher Temperatur die Möglichkeit des Verbrennens, zum mindesten aber, wenn die richtige Temperatur abgewartet werden muß, Zeitverlust und Brennstoffvergeudung. Diese Nachteile können selbst durch die beste Feuerungsanlage nicht beseitigt werden.

Den vorgenannten Umständen kann bei Unterzugsöfen schon leichter Rechnung getragen werden, da die Heizung vom Backprozeß unabhängig ist. Ueberhaupt liegen die Verhältnisse bei allen solchen Öfen bedeutend günstiger, die sich von vornherein durch eine gute Hitzreguliermöglichkeit auszeichnen, wie z. B. die Dampfbacköfen. In diesem Falle liegt die Wirtschaftlichkeit des Ofens hauptsächlich in der Wirtschaftlichkeit der Feuerungsanlage.

Es muß leider gesagt werden, daß gerade in dieser Hinsicht viele Öfen noch nicht auf der Höhe sind, denn die allgemein bei Dampfbacköfen zur Anwendung kommende veraltete Planrostfeuerung ist ein Rußerzeuger und Kohlenfresser.

Die modernen Feuerungsanlagen [1]) sind daher als Korbrostfeuerung mit sekundärer Luftzuführung ausgeführt. (Abbildung 34.) Durch die seitlichen Rostspalten wird oberhalb des Brennmateriales nochmals vorgewärmte Luft zugeführt, wodurch die Ausnutzung des Brennstoffes wesentlich erhöht wird. Eine solche

---

[1]) Es ist selbstverständlich, daß die Kaminanlage für jeden Fall ausreichend bemessen sein muß, denn eine restlose Verbrennung kann nur dann erzielt werden, wenn dem Brennmateriale auch genügend Luftsauerstoff zugeführt wird.

Korbrostfeuerungsanlage bei einem modernen Dampf Backofen zeigt Abbildung 35. Unterstützt wird die

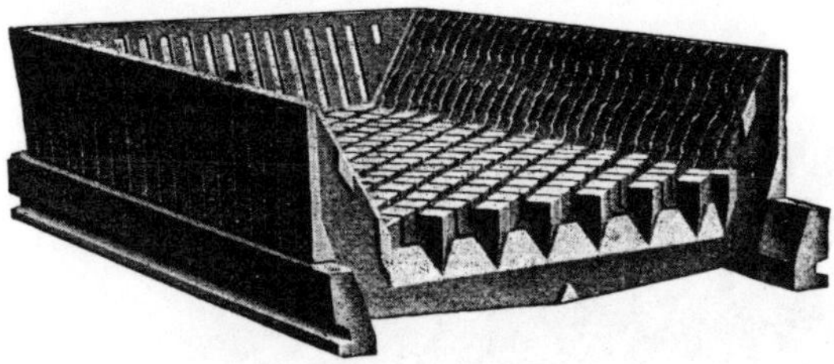

Abbildung 34: Korbsparrost.

Heizwirkung noch dadurch, daß der Brennstoff zuvor vergast wird, sodaß man von einer Halbgasfeuerung reden kann.

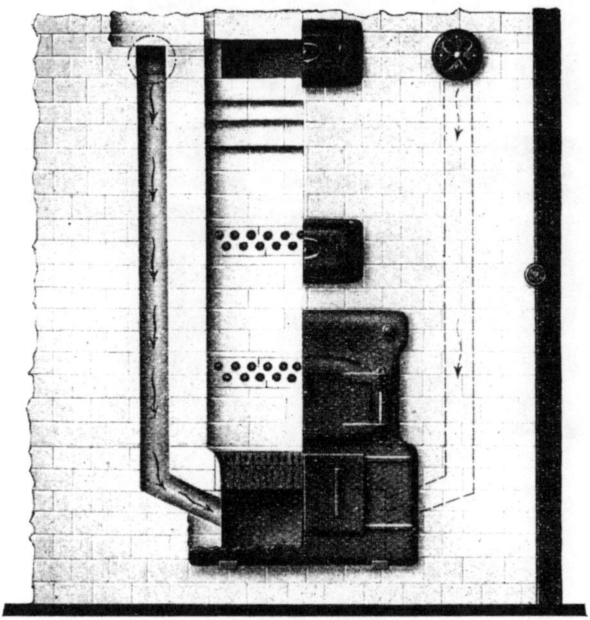

Abb. 35: Sparrostfeuerung bei einem Dampf-Backofen von K. Welker, Wiesloch.

Abbildung 36 stellt einen „Mairich"-Dampfbackofen mit Halb-Gasfeuerung dar, deren Wirkungsweise wegen der Wichtigkeit eingehend beschrieben werden soll.

Wie aus Abbildung 36 ersichtlich ist, wird die Mairich-Halb-Gas-Feuerung in ihrem oberen Teil durch einen mit leicht verschließbaren Ausleer-Oeffnungen

Abbildung 36: Mairich-Halb-Gas-Feuerungsanlage mit Korbsparrost für einen Dampfbackofen.

versehenen Rostkorb gebildet. Die seitlichen Flankenstäbe des Rostkorbes haben sinnreich angeordnete aufsteigende Luftzuführungsdüsen und die Roststäbe sind in ihrem hinteren Teil als gitterartige Feuerbrücke ausgebildet. Außerdem sind die abziehbaren Rosten, welche die Ausleer-Oeffnung verschließen, und der vordere Rostbalken gleichfalls gitterartig, so daß dadurch der Weg für die einströmende Verbrennungsluft in das Innere des Rostkorbes und des Heizschachtes rund herum freigegeben ist.

Der untere Teil der Feuerung besteht aus dem Aschenfall, welcher durch eine Tür mit der Aufschrift „Stets einsetzen" verschloßen wird, und außerdem sind neben diesem links und rechts zwei Luftzuführungskanäle angeordnet, welche durch Klappverschlüsse leicht reguliert werden können.

Die von dem Aschenfall vollständig unabhängig angeordneten Luftzuführungskanäle werden durch zwei Winkelplatten gebildet, die durch den Aschenfall hindurchgehen und in einen hinter dem Aschenfall befindlichen Sammelkanal einmünden, welcher nach dem Aschenfall zu durch einen eisernen Lufteintrittsrahmen abgeschlossen wird.

Zur restlosen Verbrennung von Kohle ist es unbedingt erforderlich, daß es gelingt, rechtzeitig an richtiger Stelle und in richtigen Mengen hocherhitzte Verbrennungsluft unterhalb und oberhalb des Brennmaterials einzuführen, damit die aus der Kohle aufsteigenden sogenannten Destillationsgase (Halbgase) sofort im Anfang zur Verbrennung kommen, bevor sich dieselben mit den anderen aus der Kohle aufsteigenden Substanzen zu Ruß und Rauch umgebildet haben.

Um dies zu erreichen, sind zur Einführung der Verbrennungsluft von dem Aschenfall getrennte separate Luftzuführungskanäle geschaffen, damit während des Betriebes der Feuerung der Aschenfall selbst fest geschlossen bleiben kann. Hierdurch wird erreicht, daß sich in dem Aschenfall, weil äußere Einwirkungen nicht mehr stattfinden können, eine sehr hohe Temperatur bildet. Außerdem werden die durch den Aschenfall hindurchgehenden eisernen Winkelplatten, welche die separaten Luftzuführungskanäle abgrenzen, sowie die hinteren Lufteintrittsrahmen ständig von der in dem Aschenfall lagernden Glut beheizt.

Wenn nun bei Bedarf Verbrennungsluft durch die separaten Luftzuführungskanäle eingeführt wird, muß dieselbe naturgemäß an den heißen, glutumlagerten Winkelplatten entlangstreichen und dann, bereits hoch vorgewärmt, durch den gleichfalls durch die Glut beheizten eisernen Lufteintrittsrahmen in den hocherhitzten Aschenfall eintreten (Siehe Abb. 37, Pfeilrichtung).

Von dort wird die stark vorgewärmte Verbrennungsluft dann von unten durch die Rostspalten in die Kohle, ringsherum durch die seitlichen Luftdüsen, die vorderen Gitter und die gitterartig ausgebildete Feuerbrücke oberhalb der Kohle eingeführt.

Auf diesem, in dem vorstehenden Satz beschriebenem Wege wird die Verbrennungsluft, da sehr heiße Eisenteile zu durchwandern sind, noch weiter hoch erhitzt, wodurch einwandfrei erreicht wird, daß sich die einströmende Verbrennungsluft, weil dieselbe ungemein heiß, also leicht u. flüchtig genug ist, restlos mit den aufsteigenden Destillations-, sogenannten Halbgasen, vermischt.

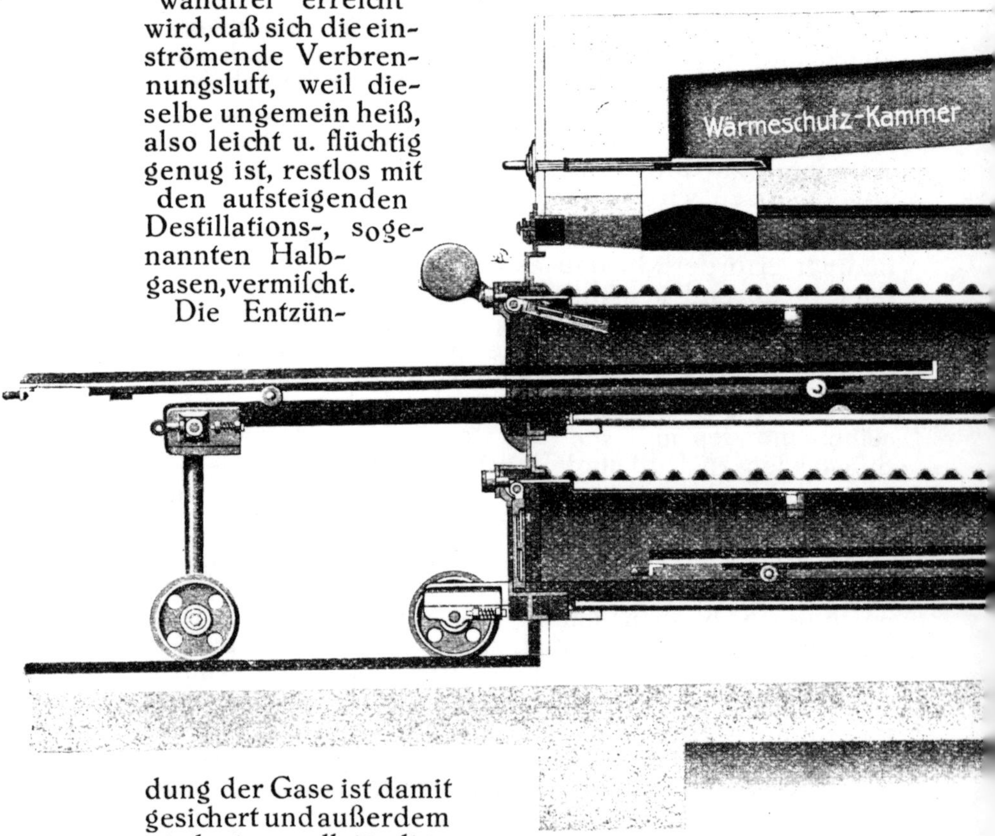

Die Entzündung der Gase ist damit gesichert und außerdem wird eine vollständige Ausnutzung aller brennbaren Stoffe der Kohle erreicht. — Die Mairich-Halb-Gas-Feuerung eignet sich für Verwendung aller Arten Braunkohle, Lignitkohle, jede Art Torf und Holz.

Die Halb-Gas-Feuerung arbeitet im Anfange des Betriebes wie eine Generatoranlage, denn es ist Vorschrift, daß die mit einemmal aufgeschütteten Kohlenmengen einige Minuten lang von jeder Luftzufuhr abgesperrt werden, so daß eine Vergasung der Kohle durch die in der Feuerung befindliche Glut und vorhandene Wärme des Heizschachtes erfolgen muß.

Bekanntlich vergasen Braunkohlenbriketts und Rohbraunkohle schon bei geringen Temperaturen, sodaß sich sehr schnell Destillations- oder Halbgase in

Abb. 37: Schnitt durch einen „Mairich"-Doppelauszugs-Dampfbackofen mit Wärmeschutzkammer.

dem Heizschacht bilden. Nach Ablauf oben erwähnter Zeit werden die separat angelegten Luftzuführungskanäle nach Vorschrift geöffnet, durch welche die Verbrennungsluft genau abgemessen, auf Umwegen hoch erhitzt, wie vorher beschrieben, in die Feuerung und den Heizschacht eingeführt wird, um sich dann sofort mit den Halbgasen zu vermischen,

Nach Oeffnen der Luftzuführungskanäle wird durch das angebrachte Schauloch zu beobachten sein, daß sich der Heizraum sofort bis an die obersten Rohrlagen mit vollständig rußfreien Gasflammen füllt, und daß alle sich weiter bildenden Gase diese Flammen rasend schnell zu immer größeren Dimensionen und Wirkungen bringen.

Diese Vorgänge zusammen verhindern nicht nur jede Rußbildung und drücken die Rauchentwicklung auf ein Minimum herab, sondern sie bewirken vor allen Dingen eine restlose Ausnutzung der Brennstoffe.

Ferner ist durch die volle Ausnutzung der Brennstoffe dafür gesorgt, daß die Aschenrückstände kaum 6—8 % betragen, also mindestens ein Drittel geringer sind, als die, welche Planrostfeuerungen erzeugen, so daß durch den bedeutend geringeren Abtransport von Asche und der Anfuhr von geringeren Kohlenmengen ein weiterer großer Vorteil entsteht. Die Entleerung des sonst stets geschlossenen Aschenfalles braucht wöchentlich, je nach Umfang der Bäckerei, nur 1—2 mal zu erfolgen.

Die Bedienung der Mairich-Halb-Gas-Feuerung ist eine äußerst einfache, da der Heizer außer dem einmaligen Aufwerfen von Kohle nur die Luftzuführungskanäle rechtzeitig zu öffnen und nach Niederbrennen des Feuers wieder rechtzeitig zu schließen hat.

Die ganze Sorge um die Wirtschaftlichkeit des Feuerungssystems fällt mit einem Male fort, sobald die direkte Gasheizung oder die elektrische Heizung angewandt wird, denn diese Heizungsarten erfordern keine besonderen Einrichtungen zur besseren Wärmeausnutzung, wie es bei Kohlenfeuerung der Fall ist. Allein ausschlaggebend ist hierbei nur der Gestehungspreis. Dabei ist allerdings zu berücksichtigen, daß bei Anwendung von Gasheizung die ganze Ofenkonstruktion dieser Heizungsart von vorne herein angepaßt sein muß, wenn bessere Verhältnisse geschaffen werden sollen. Es genügt nicht, einfach anstelle einer beliebigen Kohlenfeuerung eine Gasheizungsanlage einzubauen, es muß vor allen Dingen Bedacht darauf genommen werden, die Fehlerquellen des Kohlenofens zu beseitigen, sonst kann der Umbau zu unangenehmen Enttäuschungen führen.

Backofen-Armaturen.

Die Einschießöffnung des Backofens wird durch eine doppelwandige, mit Isolierstoffen gefüllte Mundtür (Schruft) abgeschlossen. Man unterscheidet Klapptüren und Schiebetüren, die Letzteren teilen sich ein in Hebelschruften und Gewichtsschruften. Von einer brauchbaren Mundtür wird verlangt, daß sie vollständig dampfdicht hält, daß sie leicht zu bedienen ist (nötigenfalls durch Ausbalanzierung mit Gegengewichten) und daß sie betriebssicher ist, sich also weder festsetzt, noch klemmt. Auch für Auszugsöfen kommen Klapp- oder Schiebetüren zur Anwendung. Ueber die Frage, welche der beiden Türenarten vorzuziehen sei, gehen die Meinungen auseinander. Ein Vorteil begünstigt die Schiebetür, wenn nämlich auf Auszugsherden kleine

Abbildung 38: Backofenpyrometer.

Ware gebacken wird, so braucht die Schiebetür nicht ganz geöffnet zu werden, wodurch das Entweichen des Schwadens vermindert wird. Andererseits läßt sich aber die Klapptür verhältnismäßig schneller öffnen und schließen. In letzter Zeit wird der Klapptür mehr und mehr der Vorzug gegeben.

Zur Feststellung der Temperatur im Ofeninneren werden Metall-Pyrometer benutzt (Abbildung 38), welche bis zu 800° C anzeigen. Die Wirkungsweise beruht darauf, daß zwei aufeinander genietete Streifen verschiedener Metalle sich bei Temperaturänderung verschieden stark ausdehnen und daß das Maß der Ausdehnung auf einen Zeiger übertragen wird. Das Ableseinstrument ist an der Außenwand des Backofens in der Nähe des Mundloches angebracht, während die eigentliche, mit einem Schutzrohre versehene Meßeinrichtung durch eine Oeffnung im Mauerwerke bis in den Backraum geführt ist. Genauere Temperaturmeßgeräte sind die elektrischen Pyrometer mit Thermoelementen. Bei diesen Instrumenten wird die Lötstelle von zwei verschiedenen Metalldrähten (meist Kupfer und Constantan) der Temperatur ausgesetzt. Der hierbei entstehende thermoelektrische (d. h. der durch Einwirkung der Wärme entstandene) Strom fließt durch ein Anzeigegerät nach Art der Voltmeter, welches vorher in Temperaturgraden geeicht ist.

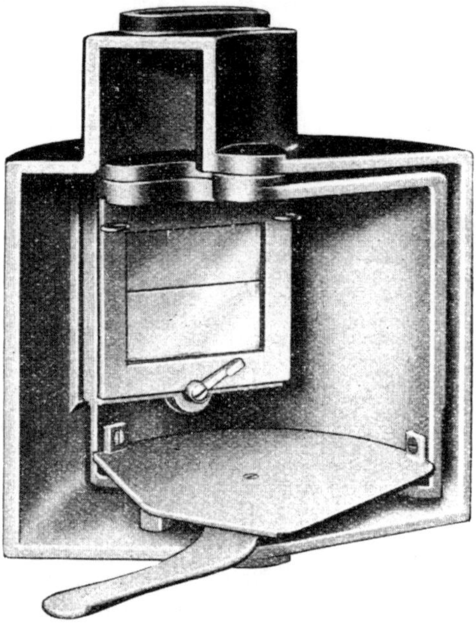

Abbildung 39: Backofen-Beleuchtungsapparat.

Zur Beleuchtung des Backraumes gebraucht man besondere Beleuchtungsapparate mit Lichteinsätzen, die seitlich oder oberhalb der Mundtür angeordnet sind. Da diese Apparate die Backraumwand durchbrechen, müssen sie vollständig dampfdicht sein (Abbildung 39). Als Lichtquelle kommt in Frage: Petroleum,

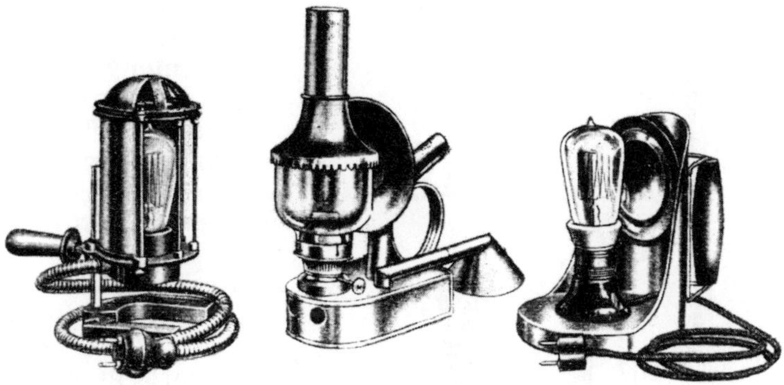

elektrisch Petroleum elektrisch
Abbildungen 40, 41, 42: 3 verschiedene Lichteinsätze für Backofen« Beleuchtungsapparate.

Gas oder elektrisches Glühlicht (Abbildung 40 bis 42). Auch kommen zwei Beleuchtungsarten, z. B. Gas und Elektrisch gemeinsam vor, damit bei gelegentlichen Störungen keine Unterbrechung der Arbeit eintritt. Gas oder elektrische Lampen sind bei modernen Öfen so eingerichtet, daß sie sich beim Oeffnen der Schruften selbsttätig entzünden und beim Schließen wieder verlöschen. Auszugsöfen erhalten im Allgemeinen keine Beleuchtung, da die Bechickung ja außerhalb des Herdes erfolgt.

Zweckmäßig ist ferner die Anbringung einer Zeitmerkuhr neben jedem Herde, nach welcher die Backzeit eingerichtet werden kann.

Schwadenapparate.

Zur Erzielung einer schönen und schmackhaften Rinde wurde früher der Teig vor dem Einschieben in den Ofen mit Wasser bestrichen und die Sohle des Backofens mit Wasser gelöscht (gegarbt). Diese nur noch auf dem Lande und bei älteren Öfen gebräuchliche Methode ist heute durch die Methode der künstlichen Schwadenerzeugung, nämlich durch Einführen von Wasserdampf in den Backraum ersetzt. Dieser Dampf (Schwaden, Wrasen) wird in besonderen Apparaten erzeugt, welche entweder mit eigener Feuerung versehen sind, oder bei direktem Einbau in den Backofen von der Abwärme des Ofens geheizt werden. Durch besondere Ventile wird der Dampf nach Bedarf in den Backraum geleitet. Häufig ist die Anordnung auch so, daß eine bestimmte Wassermenge auf eine im Herdraume befindliche heiße Metallplatte gespritzt wird, wodurch das Wasser augenblicklich verdampft.

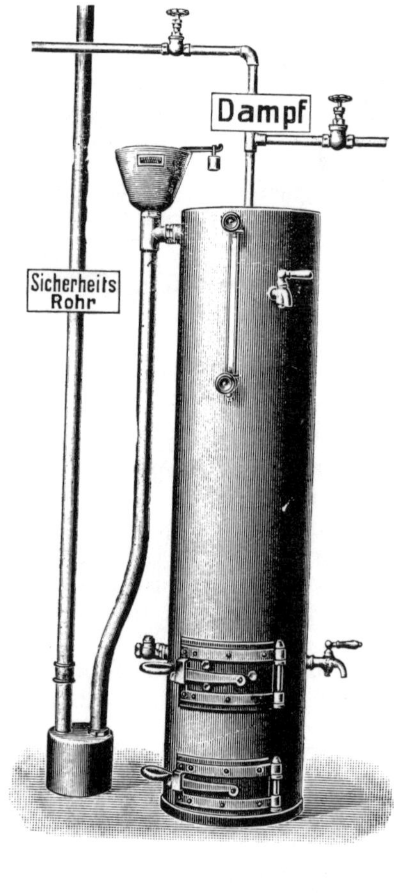

Abbildung 43: Quersieder-Dampferzeuger (Schwadenkessel) mit eigener Feuerrung.

Die getrennt aufgestellten Schwadenkessel bestehen aus starkem Eisenblech (Abbildung 43). Das Rauchabzugsrohr liegt vollkommen unter Wasser und ist durch Quersiederohre durchbrochen, damit eine schnellere Dampfentwicklung erzielt wird. Um die Dampfkessel nicht einer behördlichen Revision zu unterwerfen, werden sie als Niederdruckdampferzeuger mit einem offenen Standrohre (Sicherheitsrohr) versehen. Der Wasserinhalt der Kessel beträgt je nach Größe 50 bis 120 Liter. Als Heizmaterial dient Steinkohle oder Briketts.

Einfacher im Betriebe sind die eingebauten Kessel (Abbildung 44). Sie werden in der Regel direkt von der Wasserleitung oder einer etwa vorhandenen Warmwasseranlage aus gefüllt und leiten den Dampf unter Vermittlung der Ventile in den Backraum. Sie sind jederzeit verwendungsbereit und dadurch den getrennt aufgestellten Kesseln überlegen, weil letztere erst angeheizt werden müssen. Unter Umständen werden zwei Schwadenapparate eingebaut, welche dann abwechselnd benutzt werden. Die Zuleitungsrohre zu diesen Apparaten sind oft so konstruiert, daß sie durch einfaches Lösen einer Verschraubung ohne weiteres aus dem Ofen gezogen werden können, um sie, wenn nötig, von Kesselstein zu reinigen. Ablaufrohre (Syphons) dienen dazu, das beim Schwadengeben überflüssige Wasser aus dem Ofen abzuleiten. Sie werden zweckmäßig an die Rückwand des Ofens gelegt, um die Bedienung nicht zu behindern.

Ist der Backofen mit einem Gärschranke kombiniert, so wird dieser gewöhnlich mit einer Zweigdampfleitung zum Zwecke der Heizung an den Schwadenkessel angeschlossen.

Um den beim Öffnen der Mundtüren entweichenden Schwaden abzuführen, sind die modernen Öfen mit Dunstabzügen ausgestattet, welche sich oberhalb der vorderen Backofenwand befinden und mit dem Kamine in Verbindung stehen.

Abbildung 44: Schwadenkessel zum Einmauern in den Backofen.

Abwärmeausnutzung.

Von der Kombinierung des Backofens mit Gär- und Trockenkammern ist bereits gesprochen worden, ebenso über die durch Abwärme geheizten Schwadenapparate. Sieht man ferner von der Anordnung eines von den abziehenden Heizgasen erhitzten Ausbackofens ab, so ergibt sich eine weitere zweckmäßige Ausnutzung der Abwärme durch den Einbau von Wasserschiffen oder Warmwasseranlagen. Siehe auch Abbildung 32 auf Seite 73. Letztere sind direkt an die Wasserleitung angeschlossen, aus der sich das entnommene Wasser selbsttätig ergänzt. Das zufließende kalte Wasser wird erst durch einen Vorwärmer vorgewärmt. (Abb. 32). Diese Warmwasseranlage ist nicht nur für alle gewerblichen Zwecke, sondern auch für Wasch- und Badeanlagen angenehm. Größere Warmwasseranlagen liefern vielfach auch warmes Wasser zu Speise-, Wasch- und Heizzwecken in die Wohnung. Die Temperatur des Wassers bleibt gewöhnlich unter 100 Grad Celsius.

Beurteilung der Backöfen und Anforderungen an dieselben.

Wie wir bereits gesehen haben, ist die Wirtschaftlichkeit des Ofens auch in hohem Maße vom Heizmateriale abhängig. Es hat daher nicht an Versuchen gefehlt, die auftretenden Verhältnisse genau zu studieren. So wurden im Jahre 1912 vom Bäckereisyndikat in Paris drei Öfen für Holz-, Kohlen- und Gasfeuerung geprüft. In jedem Ofen wurden zwei Tage lang jeden Tag drei Schuß zu je 78 kg Teig verbacken. Außer der genauen Feststellung des Brennstoffbedarfes wurden die Sauberkeit des Betriebes und die Güte des Erzeugnisses bis zu je 20 Punkten bewertet. Es ergaben sich folgende Zahlen:

	Holz	Steinkohle	Gas
Brennstoffverbrauch:			
für den 1. Schuß	32,800 kg	17,800 kg	18,000 cbm
„ „ 2. „	21,050 kg	8,700 kg	6,000 cbm
„ „ 3. „	11,700 kg	5,500 kg	6,000 cbm
Gesamt im Mittel	72,475 kg	31,975 kg	31,500 cbm
Verwertbare Rückstände	10,050 kg	—	—
Zeiten:			
zum Anheizen	45 Minuten	40 Minuten	60 Minuten
1. Aufheizen	20 „	19 „	19 „
2. Aufheizen	15 „	13 „	21 „
Bewertung nach Punkten:			
Sauberkeit	11,0	17,0	20,0
Aussehen des Brotes	12,8	19,0	17,2
Güte des Gebäckes	14,2	19,0	17,8

Zu diesen Ergebnissen muß bemerkt werden, daß sich die Zahlen, besonders bei Gasfeuerung moderner Öfen unter Verwendung von Einzelbrennern noch erheblich drücken lassen. Auch bei Kohlenheizung kann man im Durchschnitte wohl mit 16 kg Kohle für 100 kg

Brot beim Anheizen auskommen (Öfen mit Innenfeuerung brauchen dagegen mindestens 25—30 kg). Bei Holzfeuerung sind folgende Zahlen festgestellt worden:

1.	Schuß	32 kg
2.	„	12 kg
3.	„	8 kg
4.	„	7,5 kg

desgleichen für alle weiteren Schüsse. — Es ist interessant in diesem Zusammenhange einmal die Wärmeausnutzung des Heizmateriales zu untersuchen. Nach Fornet [1]) sind theoretisch für das Ausbacken von 100 kg Teig ganz rund 13000 WE (Wärmeeinheiten) notwendig [2]). Also für 78 kg Teig rund 10000 WE. Setzt man den Heizwert der verwandten Brennstoffe auf etwa folgende Zahlen fest:

Holz = 3500 WE/kg
Kohle = 7600 WE/kg
Gas = 5100 WE/cbm,

dann kann die Anzahl der kg bezw. cbm Brennstoff berechnet werden, welche theoretisch erforderlich sind, um 78 kg Teig auszubacken. Es ergibt sich:

für Holz 10000 : 3500 = etwa 2,9 kg
für Kohle 10000 : 7600 = „ 1,3 „
für Gas 10000 : 5100 = „ 2,0 cbm

Setz man nun die praktisch erhaltenen Mittelwerte der Brennstoffverbrauchszahlen (nach den erwähnten Versuchen) je Schuß ein, so erhält man die Ausnutzung der Wärme des Brennstoffes in abgerundeten Zahlen wie folgt:

	Holz	Steinkohle	Gas
beim 1. Schuß	2,9 : 32,8 = 8,9 v.H.	1,3 : 17,8 = 7,3 v.H.	2 : 18 = 11,8 v.H.
beim 2. Schuß	2,9 : 20,9 = 10,8 v.H.	1,3 : 13,3 = 9,8 v.H.	2 : 12 = 16,7 v.H.
beim 3. Schuß	2,9 : 21,5 = 13,5 v.H.	1,3 : 10,7 = 12,2 v.H.	2 : 10 = 20 v.H.

Wenn sich diese Zahlen auch nicht unmittelbar auf beliebige Verhältnisse übertragen lassen, so sind doch einige wichtige Schlüsse hieraus zu ziehen. Zunächst läßt sich feststellen, daß verschiedene Brennstoffe im gleichen Ofen verschieden gut ausgenutzt werden und ferner, daß sich die Ausnutzung des Brennstoffes mit der Anzahl der Schüsse steigert, wobei besonders die Gasseizung verhältnismäßig günstige Werte ergibt. Der Wirkungsgrad des Backofens steigert sich also, wenn möglichst viele Schüsse hintereinander verbacken werden, der Ofen also voll ausgenutzt wird. Versuche

[1]) „Brot und Brennstoff" von Dr. Fornet und Dr. Geißler, S. 30.

[2]) Verschiedentlich finden sich höhere Werte, z. B. 23000 WE (Rollet), welche auf anderer Grundlage berechnet sind und bei Anwendung zu günstige Wärmeausnutzungszahlen ergeben.

haben ergeben, daß die auf diese Weise erzielte Mehrausnutzung des Brennstoffes auf den Wirkungsgrad häufig von größerem Einflusse ist als die Bauart des Ofens.

Die in vorstehender Rechnung ermittelten Werte der Wärmeausnutzung beziehen sich nur auf das Heizmaterial für eine bestimmte Ofenkonstruktion und können zur Gütebeurteilung von Backofensystemen nicht herangezogen werden.

Auf Veranlassung des Reichskuratoriums für Wirtschaftlichkeit in Industrie und Handwerk sind von Prof. Eberle, Darmstadt, im Jahre 1926/27 ganz eingehende Versuche über die Wärmeausnutzung an 11 Öfen der verschiedensten Bauarten ausgeführt worden [1]). Jeder Ofen wurde unter ganz normalen Verhältnissen, d. h. bei Bedienung durch Bäcker, eine Woche lang untersucht. Die Wochenmittelwerte unter Einschluß des Sonntages wurden der Berechnung zu Grunde gelegt. Bei diesen, den tatsächlichen Verhältnissen entsprechen- Versuchen zeigte sich, daß die Wärmeausnutzung sämtlicher untersuchter Ofenbauarten erschreckend gering ist.

Nachstehende Tabelle gibt abgerundet die Wochenmittelwerte wieder. Zum Heizen wurden ausschließlich Rhein. Braunkohlenbriketts mit einem unteren Heizwerte von etwa 4500 bis 4900 WE benutzt. Bei der Berechnung des Ausnutzungsgrades sind theoretisch zum Ausbacken von Brot 130 WE für 1 kg Teig, bei Brötchen 200 WE gerechnet.

	Tägl Teigmenge	A	B	Wirkg.-grad
1. Deutscher Ofen	142 kg	36,5 kg	41,3 kg	7,1 v.H.
2. Unterzugsofen	279 kg	34,9 kg	39,5 kg	8,0 v.H.
3 Deutsch u. Kanalofen kombin.	260 kg	31,5 kg	35,6 kg	8,6 v.H.
4. Dopp. Einschießofen	445 kg	28 kg	31,6 kg	10,3 v.H.
5. Desgl. m. Unterwind	515 kg	25,5 kg	28,8 kg	11,0 v.H.
6. Kombinationsofen	460 kg	31 kg	35 kg	8,7 v.H.
7. Dopp Auszugsofen	580 kg	33,5 kg	37,9 kg	8,3 v.H.
8. Autom. Brötchenofen	—	50,2 kg	56,7 kg	8,4 v.H.

Spalte A bedeutet kg Brennstoff je 100 kg Teig
Spalte B bedeutet kg Brennstoff je 100 kg Brot.

Zu diesen Werten ist noch folgendes zu bemerken: Es hat den Anschein, als ob die bei den Einschießöfen erreichten günstigeren Wärmeausnutzungswerte dem Ofensystem zu Gute kommen; dieser Schluß ist jedoch nicht ohne weiteres zulässig, da ja täglich erheblich größere Teigmengen verbacken wurden und durch diesen Umstand nach den früheren Versuchen eine erhebliche Verbesserung des Wärmeausnutzungsgrades ein-

[1]) Zeitschrift V. D. I. 1927, S. 985 u. 1091.

tritt. Nach dem Grade der Beschickung beurteilt, haben z. B. der Kombinationsofen und der Doppelauszugsofen bedeutend ungünstigere Werte ergeben. Daß der automatische Backofen keine besseren Werte zeigt, liegt daran, daß er nur für kurze Zeit des Tages voll ausgenutzt wird.

Nach den vorliegenden Versuchsergebnissen ist es kaum anzunehmen, daß bei Kohlenöfen unter normalen Verhältnissen eine bessere Wärmeausnutzung als 10 v. H. erreicht werden kann. 90 v. H. der aufgewandten Wärme gehen also verloren. Die Herdrückstände und die durch den Schornstein abziehenden Wärmemengen machen etwa 20 bis 30 v. H., die Strahlungsverluste etwa 60 bis 70 v. H. der Gesamtwärmeverluste aus. Da die Verminderung der abziehenden Wärme kaum möglich sein wird, muß um so größeres Augenmerk auf die Verminderung der Strahlungsverluste durch hochwertige Isolation gelegt werden, weil dies das einzige Mittel ist, um den Wirkungsgrad zu verbessern. Daneben muß Sorge dafür getragen werden, daß die Türen und Schieber gut schließen, da sonst beim Durchstreichen der vom Kamin angesaugten Frischluft nahmhafte Wärmemengen mit ins Freie geführt werden. Hiermit im Zusammenhange steht auch die Tatsache, daß die Ofenbauarten mit den längsten Kanälen auch die größten Auskühlungsverluste und damit die schlechteren Wirkungsgrade haben.

In wie weit die in der letzten Zeit in Aufnahme gekommenenSparfeuerungssysteme verbessernd auf den Wirkungsgrad einwirken, ist bislang zahlenmäßig noch nicht erfaßt worden. Aus der Tatsache heraus, daß die Industrie sich mit der Verbesserung der Feuerungsanlagen befaßt, geht schon hervor, daß dieser wunde Punkt der Backöfen bereits längst erkannt ist und man wird in dieser Hinsicht noch viel zu erwarten haben, besonders, wenn es gelingt, durch derartige Feuerungen die Kohlenoxydgas-Verluste einzuschränken.

Wir kommen weiter zu den Backöfen mit direkter Gasfeuerung und elektrischer Heizung. Die indirekte Gasfeuerung, wie sie für Industrieöfen viel benutzt wird, hat in diesem Zusammenhange geringeres Interesse. Wie aus den anfangs erwähnten Versuchen hervorgeht, ist die Ausnutzung der Wärme des Leuchtgases der Kohle gegenüber (den gleichen Backofen vorausgesetzt) bereits bedeutend günstiger. An einen Ersatz der Steinkohlenheizung durch Gasheizung kann indessen nur gedacht werden, wenn der Gestehungspreis je nutzbare Wärmeeinheit bei Kohle und Gas gleich ist. In den meisten Fällen wird aber die Gasheizung zu teuer. Anders dagegen bei den von vorne herein für direkte Gasheizung gebauten Öfen. Durch möglichst vollständige Abgabe der erzeugten Wärme an Speichermassen ist es gelungen, den Wirkungsgrad bis über 40 v. H. hinauf zu bringen [1]).

Noch günstigere Werte haben die elektrischen Speicheröfen ergeben. Die von der Vereinigung der Elektrizitätswerke Berlin, im Anschluße an die Münchener Ausstellung 1927 „Das bayrische Handwerk", an einem Elektro-Speicherbackofen der „Debag" ausgeführten dreitägigen Versuche ergaben, bei 33,5 kWh für Brot und 38,1 kWh für Brötchen je 100 kg Ware, für Brotbacken einen Wirkungsgrad von 52 v. H. und für Brötchen gar 62 v. H. [2]) Uns interessiert hier nur die Tatsache der günstigen Wärmeausnutzung dieser Öfen, die darauf zurückzuführen ist, daß vor allen Dingen der Kamin vollständig in Wegfall kommt und damit auch die Verluste durch abziehende Wärme. Alle übrigen mit Speicheröfen zusammenhängenden Fragen sind im zweiten Abschnitte unter „Elektrische Backöfen" eingehend behandelt.

Fassen wir die Ergebnisse zusammen, so besteht nach den Eberleschen Versuchen kein Zweifel daran, daß infolge der Wärmeausstrahlung bei stark wärmespeichernden Backöfen große Verluste auftreten und daher ein Ofen ohne Speichermasse, aber guter Wärmeregulierbarkeit vorzuziehen wäre. Andererseits aber kann man bei den heutigen Kohlenöfen keineswegs auf gute Speicherfähigkeit verzichten. Ist die Wärmespeicherung bei Kohlenöfen nachteilig, so muß dies auch für alle anderen nicht flammbeheizten Öfen zutreffen. Gelingt es dagegen die Gesamtverluste erheblich herabzusetzen, wie dies bei den Elektro-Speicheröfen der Fall ist, so liegt kein Grund dafür vor, den Speicherofen abzulehnen. Die Speicherfähigkeit des Backofens ist ja durchaus nicht unerwünscht, wegen des guten Nachdruckes dieser Öfen beim Backen; bei den vorgenannten flammbeheizten Öfen ist sie auch nur für unzweckmäßig erklärt worden, weil sie zur Verschlechterung des Wirkungsgrades beiträgt.

[1]) Albrecht, Techn. Monatsblätter für Gasverkäufer, Heft 11. 6. 1927
[2]) Zeitschrift „Elektrizitätswirtschaft" Nr. 449, 1927.

Ueber direkt beheizte elektrische Backöfen, wie sie in der Industrie vielfach Verwendung finden, liegen zuverlässige Zahlen über den Wirkungsgrad leider noch nicht vor.

Die Hauptforderungen, welche an einen guten Backofen zu stellen sind, lassen sich wie folgt zusammenfassen:

1. Geringe Wärmeausstrahlung nach außen
2. Die Hitze soll nur in den Backraum strahlen
3. Keine Wärmeverluste beim Beschicken
4. Heizung vom Backherd getrennt
5. Keine Belästigung durch Hitze
6. Leichte Temperaturregelung
7. Reinlicher hygienischer Betrieb
8. Betriebssicherheit
9. Gute Ausnutzung des Heizmateriales
10. Möglichst universale Verwendung

Alle diese Punkte lassen sich bei einem Backofen natürlich nicht miteinander in Einklang bringen. Hat der Ofen große Speicherfähigkeit, so wird die Wärmeregulierung schwieriger und eine gewisse Abhängigkeit in der Reihenfolge der Beschickung ist unter Umständen nicht zu vermeiden. Ist andererseits bei zweckentsprechender Konstruktion die Speicherfähigkeit gering, so ist der Ofen meistens schnell zu regulieren. Bei gut ausgenutztem normalen Bäckereibetriebe ist der Wärmespeicherofen immer am Platze. Bei kontinuierlichen Betrieben (Industrie), oder kurzzeitiger Benutzung ist der schnell regulierbare Ofen ohne Speichermassen vorzuziehen.

Wie wir gesehen haben, spielt bei Kohlenöfen die Bauart des Ofens hinsichtlich der Wirtschaftlichkeit eine untergeordnete Rolle, wichtiger ist noch die Feuerungsanlage, von der eine restlose Verbrennung des Heizmaterials verlangt werden muß. Andererseits ist aber das Ofensystem wieder von Einfluß auf die Güte des Erzeugnisses, denn was nützt letzten Endes die Brennstoffersparnis, wenn der Ofen nicht gut backt, oder der Nachdruck fehlt. Ebenso wichtig ist die einwandfreie Bauausführung, denn ein schlecht erstellter Ofen ist jederzeit eine Quelle des Aergers und des Verdrusses. Daher ist es immer richtig, den Ofen nur von gelernten Backofenbauern aufstellen zu lassen.

Die einzigen Öfen, die, abgesehen von den Industrieöfen, heute noch miteinander in Wettbewerb treten, sind der Dampfbackofen in seiner verschiedenen Kombination und der moderne, direkt geheizte Ofen, wobei letztere Bauart mit Gasheizung, angemessene Gaspreise vorausgesetzt, sich in steigendem Umfange durchsetzt. Hoffentlich liegt die Zeit nicht mehr ferne, daß auch der Elektro-Backofen, der nach dem heutigen Stande in Bezug auf die Wärmeausnutzung alle anderen Backofensysteme übertrifft, zum Nutzen der Volkswirtschaft an diejenige Stelle tritt, die ihm zukommt.

3. Die Hilfsmaschinen im Bäckereibetriebe.

Bei der raschen Entwicklung, welche die Backöfen und Teigknetmaschinen in den letzten Jahrzehnten durchgemacht haben, ergab sich eine Unsumme von weiteren Forderungen, welche darauf hinzielen, den Handbetrieb durch den automatischen bezw. Maschinenbetrieb zu ersetzen. Die Produktionssteigerung war der erste Faktor, der den Anstoß dazu gab, aber auch die gleichmäßige Qualität und Quantität der Backware forderte gebieterisch nach der Maschine. Nicht zuletzt spielten auch die Forderungen der Hygiene, die Backware nach Möglichkeit der Handberührung zu entziehen, eine große Rolle. Neben der Teigknetmaschine, deren schwieriger Entwicklungsgang bereits besprochen wurde, erstreckten sich die ersten schüchternen Versuche auf die Ausbildung einer Teigteilmaschine. Der Erfinder der Teigteilmaschine war der Bäckermeister Hailfinger in Wien. 1874 wurde diese Konstruktion von Herbst nicht unwesentlich verbessert. (Abbildung 45). Die daraus (1877) entwickelte Herbstsche Zweihebelteilmaschine mit Torsionsfeder und beweglichem Zylinder gab das Vorbild für eine große Anzahl von heute gebräuchlichen Bauarten. Etwas später brachte Bertram seine bekannte Schüsselmaschine auf den Markt, und eine weitere verbesserte Teigteilmaschine, die in der Ausführung mit Kraftbetrieb vorläufig den Spitzenpunkt der Entwicklung darstellte. Der Erfolg war überraschend groß, sodaß in vielen Betrieben die Teigteilmaschine schon vor der Knetmaschine zu finden war. Die Knetmaschine selbst mit ihrer gewaltigen Arbeitsleistung kam aber erst zur richtigen wirtschaftlichen Ausnutzung durch die maschinelle Weiterverarbeitung des Teiges. Der nächste Schritt in der Weiterentwicklung bestand in der Vereinigung der Teilmaschine mit der Wirkmaschine. Die erste Maschine dieser Art stammte vom Bäckermeister W. Timmel in Plauen. Sie hatte aber den Fehler, daß sie dem Wirkling nicht den unbedingt nötigen Raum zum Wachsen während des Wirkens gab, wie es beim Wirken von Hand der Fall ist. Die erste Maschine,

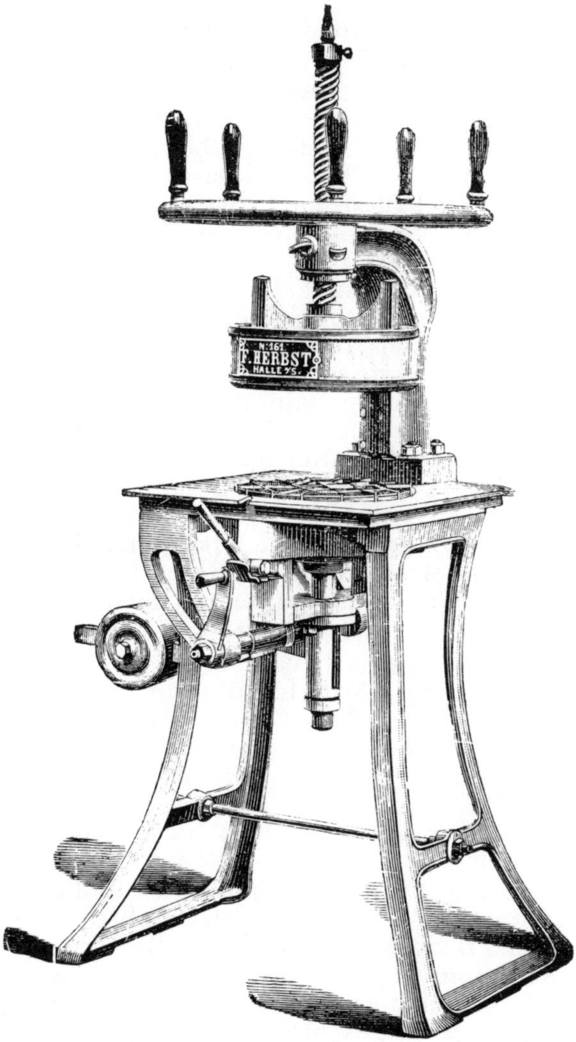

Abbildung 45: Aeltere Teigteilmaschine mit Spindelantrieb, von Herbst, Halle a S.

welche allen Anforderungen gerecht wurde, wurde 1914 von B e r t r a m herausgebracht. Es wird ae kombinierte Teigteil und Wirkmaschine „T r i u m p h a t o r“, ein Halbautomat, bei dem das Pressen noch von Hand geschehen mußte. Obgleich diese Maschine für sich nicht mehr zu übertreffen war, so hat es der rastlose Erfindergeist doch fertig gebracht, die „Triumphator“ auch für ganz-automatischen Betrieb umzugestalten.

Nicht allein das Teilen und Wirken von Brötchenteigen wurde der Maschine übertragen, sondern auch die Verarbeitung von Brotteigen, und führte so weiter zur Entwicklnng von leistungsfähigen Teil- und Auspressmaschinen für alle denkbaren Teigarten. Die größten Schwierigkeiten erwuchsen den Erbauern bei der Ausbildung von Langrollapparaten. Heute, wo die T e i g t e i l- und W i r k m a s ch i n e als Glanzleistung der deutschen Technik auf der Höhe steht, kann man sich einen früheren Großbetrieb, der ein so riesiges Personal allein zum Teilen und Wirken unterhalten mußte, kaum mehr vorstellen. Alles hat die Maschine an sich gerissen, die in minutiöser Pünktlichkeit und Genauigkeit die verlangte Arbeit unter Ausschaltung jeder menschlichen Kunstfertigkeit, leistet.

Trotz der vollkommensten Lang- und Rundwirkmaschine gab es immerhin noch Fabrikate, die auch zur äußeren Formgebung ihre Spezialmaschinen beanspruchten. Es sei an dieser Stelle nur an die Hörnchenwickelmaschinen,Langschlußmaschinen usw.erinnert.

Nächst der Teigverarbeitung mußte auch die Gärung von der Handarbeit unabhängig gemacht werden. Dies geschah durch Einführung von a u t o m a t i s ch e n G ä r b a ck ö f e n. Die Tücke des Objektes hat den Konstrukteuren im Laufe der Zeit viel Kopfzerbrechen bereitet und tut es auch heute noch. Die vielen Mißerfolge aber waren größtenteils wohl darauf zurückzuführen, daß Wissenschaft und Praxis in früherer Zeit noch nicht so zusammen arbeiteten, wie es heute der Fall ist, wo unter dem Einflusse des Fortschrittes der Chemie die Technik den physikalisch-chemischen Prozessen der Bäckerei weitgehendste Beachtung schenkt. Die Verschiedenheit der Backware auf dieser Grundlage und die dadurch erforderlich werdende individuelle Behandlung des Teiges brachten es mit sich, daß die Maschine sich immer weitgehender spezialisierte und vollkommener wurde.

Es gibt heute wohl kaum ein Backerzeugnis oder eine Backweise, deren die Maschine sich nicht bemächtigt hätte. Trotzdem ist eine universelle Verwendung schlecht möglich, wie die verschiedenartigsten Backöfen und Maschinenkonstruktionen beweisen. Besonders die universelle Anwendung des Backofens ist eben immer noch ein Problem, über das schon viel gestritten worden ist und noch wird.

Mit der Einführung der Maschine in den Bäckereibetrieb war es noch nicht genug, sie fand auch Eingang in die Nebenbetriebe der Bäckerei, wie z. B. Konditorei, Keks, Zwieback und Biskuitfabrikation und führte diese zu selbstständigen Industriezweigen auf eine beachtenswerte Höhe.

Wohl setzten sich der Einführung der Maschine besonders in früherer Zeit erhebliche Schwierigkeiten entgegen, aber so viel ist sicher, daß auch in kleinsten Betrieben heute dieselbe nicht nur möglich, sondern sogar notwendig ist, um den Betrieb wirtschaftlich zu gestalten. Die Maschine hat sich ja aus den ureigensten Bedürfnissen heraus entwickelt und ihre Ablehnung oder Nichtanwendung würde unbedingt einen Rückschritt darstellen.

Unter Ausschaltung der Industrie gibt es heute in Deutschland etwa 90 000 Bäckereibetriebe, von denen aber erst etwas über die Hälfte, nämlich 48 000 Stück mit Maschinen ausgerüstet sind.

Davon hatten im Jahre 1926:

44 483	Betriebe	elektrischen Antrieb
210	„	Gasantrieb
222	„	Göpelantrieb
460	„	sonstige Antriebe.

Wie schnell die Maschinen Eingang in das Bäckereigewerbe gefunden hat, mag aus folgenden Zahlen, die die Zunahme der Kraftantriebe im Laufe der Jahre angeben, entnommen werden:

1901	hatten	986	Betriebe	Kraftbetrieb
1910	„	7 023	„	„
1914	„	19 587	„	„
1926	„	42 375	„	„

Es ist interessant auch die Verbreitung der verschiedenen Ofensysteme in diesem Zusammenhange einmal näher zu betrachten. Nach den Statistiken des „Germania" Zentralverbandes Deutscher Bäckerinnungen gab es in Deutschland zu Anfang 1927:

76	Betriebe	mit	elektrischen Öfen
116	„	„	Gasöfen
1 200	„	„	sonstigen Öfen (Torf, Ölheizung)
9 015	„	„	Holzöfen

17 617 Betriebe mit Dampföfen
43 163 „ „ sonstigen Kohlenöfen.

Es werden wahrscheinlich noch Generationen dazu gehören, bis alle die älteren Betriebe sich auf den modernen Betrieb umgestellt haben und hoffentlich gelingt es der Gasindustrie und den Elektrizitätswerken, die Preise für Großabnehmer, wie es die Bäckereibetriebe doch sind, so weit zu senken, daß auch die elektrisch und gasgeheizten Öfen konkurrenzfähig werden, um dadurch dem Bäckereigewerbe und damit auch der Gesamtheit einen großen Dienst zu erweisen.

4. Die selbstständigen Zweig-Industrien.

(Kurze Uebersicht.)

Im Grunde genommen haben sich die meisten Maschinen der Zweigindustrie aus den Bäckereimaschinen entwickelt. Zum Teil werden die gleichen Maschinen benötigt, zum anderen Teile nach Anpassung an die jeweiligen Forderungen der Fabrikation. Dadurch sind vielfach wahre Wunderwerke der Technik entstanden. Ehe wir uns nun mit den Maschinenkonstruktionen befassen, sei nachfolgend eine kurze Übersicht der in Frage kommenden Fabrikationsgänge, unter Angabe der notwendigen Maschinen gegeben.

Die Keksfabrikation, zu der auch die Biskuitherstellung gehört, erfordert eine Reihe von Maschinen, welche im gewöhnlichen Bäckereibetriebe nicht vorkommen. Der Fabrikationsgang ist folgender:

Die sogenannten flüssigen Teige werden von Hand oder mit Hilfe einer Rührmaschine angemacht und dann in der Misch- oder Knetmaschine (vorzugsweise Doppelschaufelknetmaschinen und stehende Flügelmischmaschinen, siehe daselbst) geknetet, wobei mit Vorsicht zu verfahren ist, um das bei zu langer Bearbeitung eintretende „Verbrennen" des Teiges zu verhüten. Die Weiterverarbeitung geschieht auf verschiedenartige Weise und ist abhängig von der Art der zu erzeugenden Ware. Soll ausgestochene Ware hergestellt werden, so wird der Teig in Walzwerken so lange gewalzt, bis derselbe nicht mehr brüchig ist und in der Ausstechmaschine verarbeitet werden kann. Bei Strangware kommt der Teig in die sogenannte Queenpresse und wird hier zu einem Strang geformt, der kontinuierlich austritt und von einer Schneidemaschine auf Länge geschnitten wird. Bei der Herstellung von Preßware werden kleine Teigmengen (Drops) durch Tüllen in Formen gepreßt. Außerdem bestehen noch eine Reihe von Verfahren zur Herstellung von Spezialgebäcken.

Die auf irgend eine der angegebenen Arten erzeugte Rohware wird auf Backblechen in einem Heißwasserröhren-Auszugsofen gebacken, weil dieser Ofen sich für kleinere und mittlere Betriebe anerkannt am besten eignet. Im Großbetriebe verwendet man wohl ausschließlich den Kettenofen, weil er eine fortlaufende Fabrikation ermöglicht.

Soll die Ware nach erfolgtem Backen noch überzogen werden, so kommt sie in die Tunk- oder Ueberziehmaschine, die aus dem Massebehälter und der Auftragsvorrichtung besteht. Nach endgültiger Verarbeitung muß die Ware in Trockenräumen nachgetrocknet werden. Einige Spezialartikel werden auch maschinell verpackt. Die Güte der Verpackung ist ausschlaggebend für die Haltbarkeit der Ware. Für Erzeugnisse, die stark Feuchtigkeit anziehen, benutzt man zweckmäßig Blechdosenverpackung mit Pergamentpapierzwischenlagen.

Für die ausschließliche Herstellung von Hundekuchen und Schiffskeks sind noch einige Spezialmaschinen von Bedeutung.

Die Zwiebackfabrikation ist trotz der vielen Großbetriebe ein lohnender Nebenzweig des Bäckereigewerbes. Die Fabrikation erfordert keine umfangreichen Maschinenanlagen. Das Rösten der auf Blechen oder Gittern liegenden Zwiebäcke geschieht durch längere Einwirkung geringerer Hitze im Backofen oder Kettenofen. Bestimmte Zwiebackarten werden nach der Fertigstellung von Schneidemaschinen zersägt und, wenn erforderlich, auch maschinell verpackt.

Die Honigkuchenfabrikation einschließlich der Lebkuchenherstellung erfordert eine Mischmaschine oder Teigbreche zum Anmachen des Teiges. Die einfacheren Teigbrechen werden im Kleinbetriebe bevorzugt. Zum Backen sind Konditoröfen nicht brauchbar, man verwendet am besten Dampfauszugsöfen oder Kettenöfen. Zum Anmachen des Honigteiges sind besondere Dampfkochkessel (siehe daselbst) in Gebrauch.

Das Aufarbeiten der Teige geschieht mit Hilfe

von Teigrollmaschinen, Teilmaschinen, Ausstechmaschinen oder kombinierten Roll- und Schneidemaschinen. Besondere Maschinen sind nötig zur Herstellung von Spitzkuchen und zum Ueberziehen.

Die Waffelfabrikation ist ebenfalls ein abgesonderter, selbstständiger Industriezweig geworden. So verschiedenartig die Ware ist, so verschiedenartig sind auch die erforderlichen Einrichtungen. Man unterscheidet in dieser Hinsicht: Flachwaffeln, (Waffelblätter-Normalwaffeln, Oblaten), Waffeltüten (Hörnchen), Hohlwaffeln aus einem Stück.

Die Teigherstellung geschieht in der Mischmaschine [1]). Dieser sogenannte flüssige Teig wird nun auf die gravierten Eisen der Waffelzange aufgegossen und im Ofen gebacken. Zur leichteren Handhabung versieht man die Waffelzangen mit einer Schlittenführung und Wendevorrichtung, damit beide Seiten gleichmäßig erhitzt werden. Aus dem einfachen, indirekt geheizten Waffelofen hat sich für größeren Bedarf der aus mehreren nebeneinander stehenden Einzelöfen bestehende Reihenofen entwickelt, der aber in wirtschaftlicher Hinsicht von dem Drehofen überflügelt worden ist. Beim modernen Drehofen ist ein Wenden der Zangen nicht mehr nötig, da sie allseitig gleichmäßig erhitzt werden. Große Waffelbäckereien verwenden automatische Waffelbackmaschinen mit auswechselbaren Zangen. Die modernen Öfen werden fast alle mit Gas oder elektrisch geheizt, es kann aber auch jede andere Heizungsart angewandt werden. Die fertigen Waffelblätter werden gepreßt und nach dem Anziehen in der Streichmaschine mit Füllung gestrichen. Zum Doppeln von Waffelblättern, wie z. B. bei Eiswaffeln (Trockenfüllung) sind Zusammenbackapparate erforderlich. In Schneidemaschinen werden die Blätter dann in mehreren aufeinander gelegten Lagen durch Kreissägen auf Format geschnitten.

Die Herstellung offener Waffeltüten erfordert Spezialbackmaschinen, deren Formen durch besondere Teigeingießmaschinen gefüllt werden. Ebenso werden zur Erzeugung von Hohlwaffeln aus einem Stück besondere Backapparate benötigt. Weitere Spezial-

[1]) Im allgemeinen enthalten die Waffelteige keinen Zucker. Zuckerzusatz kommt nur in Frage, wenn das Waffelblatt biegsam werden soll, wie z. B. bei der Hohlhippenherstellung, deren ovale Blätter über einem Rundeisen gebogen werden.

maschinen werden gebraucht zum Füllen geschloßener Hohlwaffeln. Zweiteilige Hohlwaffeln werden am besten erst nach dem Füllen und Zusammenlegen der Blätter gestanzt oder ausgestochen. Die Lagerung und Verpackung der Fertigware muß mit Rücksicht auf deren Empfindlichkeit sehr sorgfältig ausgeführt werden.

Die Nudelfabrikation im Kleinen wird in gewissen Gegenden als lohnender Nebenbetrieb den Bäckereien angegliedert. Die Herstellungsweise soll daher kurz besprochen werden:

Nach dem Anmachen des Teiges wird dieser in die Teigwellmaschine gegeben und zu einem lederartigen Teigbande von etwa 3/4 mm Stärke ausgewalzt. Diese Teigfladen, welche unschwer bis zu 50 m Länge erzeugt werden können, werden abgetrocknet, bis sie nicht mehr aneinander kleben. Das Trocknen erfolgt an der Luft oder besser und schneller in einer Trockenkammer mit Ventilatorzug. Nach dem Trocknen läuft das Teigband durch eine Nudelschneidemaschine, die es in Streifen von 0,6 bis zu 12 mm Breite schneidet. Die geschnittenen Nudeln fallen auf die Trockenrahmen und werden mit diesen in die Gestelle der Trockenkammer zum Nachtrocknen gebracht.

Die Teigwarenindustrie beschäftigt sich mit der Herstellung von Makkaroni-, Spaghetti-, Faden- und Suppennudeln usw. und fabriziert nicht allein Walzware, sondern auch Preßware (Strangware, Makkaroni).

Zum Mischen des Teiges verwendet man dabei vorzugsweise Doppelschaufelknetmaschinen, weil es sich meistens um schwere Teige handelt. Das Kneten selbst erfolgt in Kollergängen oder modernen Knetgängen (Gramolas). Diese sind mit einer Teigschneidevorrichtung versehen, die das geknetete Teigband in handliche Stücke schneidet. In Teigwagen gelangen diese Stücke nun zur Presse und werden in den Teighafen entleert. Ein unter starkem hydraulischen Drucke stehender Stempel preßt den Teig durch die Düsen der eingelegten Formen. Bei langer Ware erfolgt die Weiterführung in den Teigwagen durch einen Rolltisch. Kurze Ware wird gleich durch eine Schneidevorrichtung auf Länge geschnitten und auf Horden ausgebreitet in den Frischlufttrockenraum gefahren.

Zur Erzeugung des nötigen hydraulischen Druckes dienen Gewichtsakkumulatoren, welche vermittels Druckpumpen aufgeladen werden.

E. Die Backöfen.

1. Backöfen mit direkter Heizung.

a. Backöfen mit Innenfeuerung.

Von Malouin stammt die erste konstruktive Beschreibung eines Backofens. Dieser hat ein hohes Gewölbe mit runder Backplatte, wie aus Abbildung 193 ersichtlich. Der Schornstein hat nur den Zweck, die

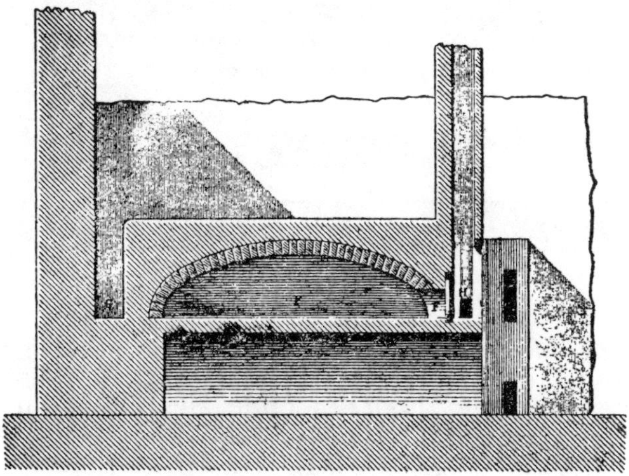

Abbildung 193: Backofen von Malouin.

sich beim Heizen entwickelnden Rauchgase abzuführen. Die Konstruktion krankt aber nach eigenen Angaben des Erbauers daran, daß das als Brennstoff verwandte Holz nur langsam verbrennt und die Erwärmung der Backplatte ungleichmäßig erfolgt; kein Wunder, denn die zur Verbrennung nötige Frischluft kommt nur zu einem geringen Teile in den Ofen, während der größte Teil mit dem Rauche durch den Schornstein abzieht. Parmentier beschreibt später einen Ofen, der mit zwei Rauchabzugskanälen versehen ist. Da die Heizgase bei dieser Anordnung erst einen Teil des Ofens durchstreichen müssen, ehe sie in den Schornstein gelangen, ist die Wärmeentwicklung schon bedeutend besser. Der in Abbildung 194 dargestellte Ofen, der in seinem allgemeinen Aufbau den späteren modernen Öfen garnicht so unähnlich ist, hat aber wegen seines hohen Brennstoffverbrauches keine große Verbreitung gefunden.

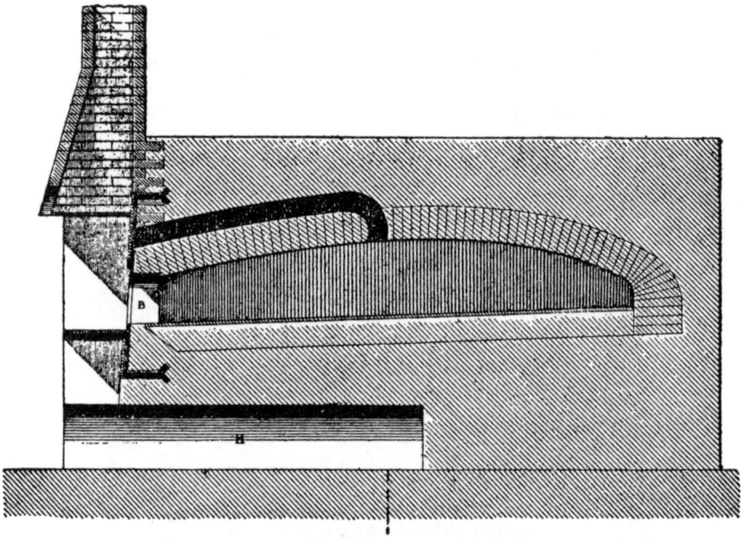

Abbildung 194: Brester Backofen.

Der mit Abbildung 195 und 196 wiedergegebene Ofen von Ressort besitzt ebenfalls zwei Rauchabzüge, die aber mit dem hinteren Ende des Ofens in Verbindung stehen und gegen den Schornstein durch Rauchschieber abgeschlossen werden können. Der Ofen hat Brustfeuerung und ist in dieser Ausführung noch heute zu finden. Bei einer älteren Bauart von Ferrand werden die abziehenden Heizgase zum Erwärmen einer Trockenkammer für das Brennholz ausgenutzt. Abbildung 197. Zu diesem Zwecke ist an beiden Seiten des Rauchabzuges eine Galerie angeordnet.

Interessant ist die Heizungsweise des Ofens von Mousseau. Zunächst wird das Holzfeuer im hinteren Teile der Sohle angelegt, wie Abbildung 198 veranschaulicht. Die Heizgase ziehen vom hinteren Ofenende über die Backplatte durch den vorn geöffneten Schieber in den Schornstein. Alsdann wird das Feuer nach vorn verlegt (Abbildung 199). Die Gase ziehen jetzt umgekehrt nach hinten und entweichen bei entsprechender Schieberstellung durch den Rauchabzug. Die dritte Zurichtung mit zwei getrennten Feuern zeigt Abbildung 200. Die Heizgase sind gezwungen, den Weg durch die in der Mitte des Gewölbes angebrachte Oeffnung zu nehmen. Während der ganzen Anheizzeit bleibt die Einschießtür geschlossen, denn die Frischluft braucht nicht durch das Mundloch zu streichen, sondern gelangt durch eine besondere Oeffnung unterhalb desselben in den Backraum. Unbequem ist bei dem sonst gut heizenden Ofen die Bedienung der vielen Schieber während des Anheizens.

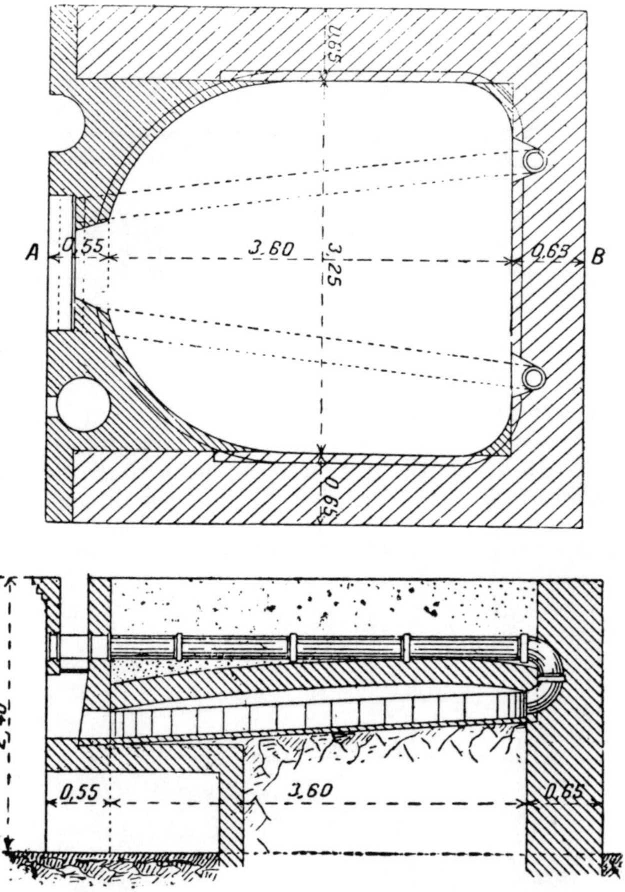

Abbildung 195 und 196: Backofen von Ressort.

b. Backöfen mit fester Feuerung.

Backofen von Chaffers (Frankreich). Der in der Mitte der Sohle angeordnete Rost gestattet die Verwendung der Steinkohle als Brennmaterial. Abbildung 201 und 202. Der entstehende Rauch wird durch Abzugskanäle fortgeleitet. Die intensive Heizkraft der Steinkohle verursacht jedoch eine starke Ueberhitzung der Backplatte in der Umgebung der Rosten, sodaß an diesen Stellen die Backware regelmäßig verbrannte. Um diesen Uebelstand zu beseitigen,

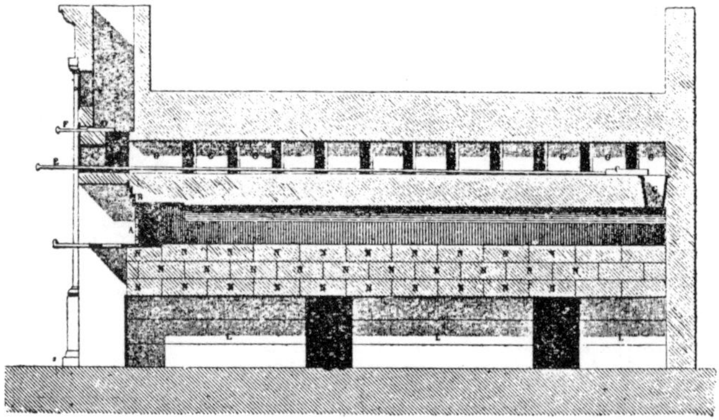

Abbildung 197: Backofen von Ferrand

verlegte Branden-England die Rosten an die Seite des Backraumes. Abbildung 203. Es ist dies der erste Fall, daß die eigentliche Feuerung außerhalb der Sohle angeordnet ist. Der Nachteil dieser Anordnung besteht

Abbildung 198: Backofen von Mousseau. 1.

darin, daß die Rosten vom Mundloche aus beschickt werden müssen; es muß daher bei jedesmaligem Nachlegen von Brennmaterial das Mundloch geöffnet werden.

Es sind mehrfache Abänderungen dieses Systems

vorgenommen worden. B a u d o u r konstruierte einen Ofen für Holz- oder Steinkohlenfeuerung und legte die Rosten an das hintere Ofenende (Abbildung 204). Die durch den Backraum schlagenden Heizgase entweichen durch zwei Abzüge rechts und links vom Mundloche.

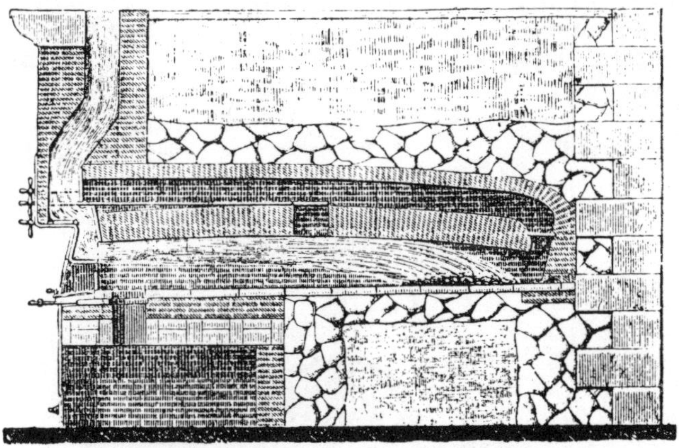

Abbildung 199: Backofen von Mousseau. 2.

Sehr vorteilhaft ist der Ofen von B a r o n, der einer englischen Erfindung von D o l s o n nachgebildet ist. Abbildung 205 zeigt die Anordnung der Rosten rechts von der Einschießöffnung.

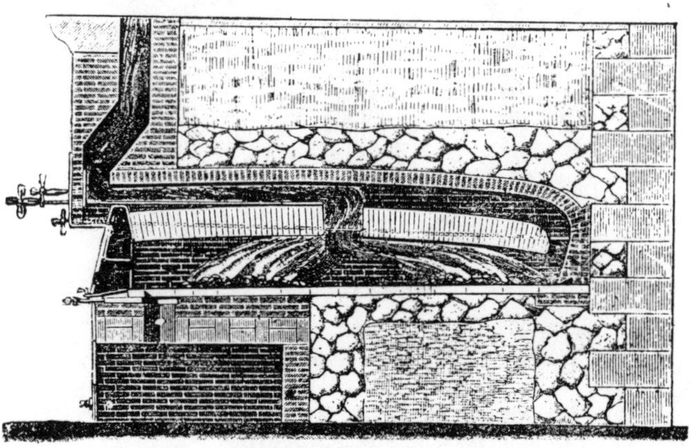

Abbildung 200: Backofen von Mousseau 3.

Backofen von S e l l i g u e-Frankreich. Dieser Ofen (Abbildung 206 und 207) sieht den heutigen modernen Öfen recht ähnlich. Er besitzt zwei nebeneinander liegende Herde mit Schiebetüren. Die Sohle ist 3 m breit und 4 m lang. Da sich die Rosten im vorderen Teile des Backraumes befinden, muß die Backware ziemlich weit nach hinten geschoben werden, aus welchem Grunde die mit Eisen armierten Backplatten vorziehbar eingerichtet werden mußten. Der Ofen hätte gewiß größere Verbreitung gefunden, wenn die Maschinenindustrie damals schon weiter fortgeschritten gewesen wäre.

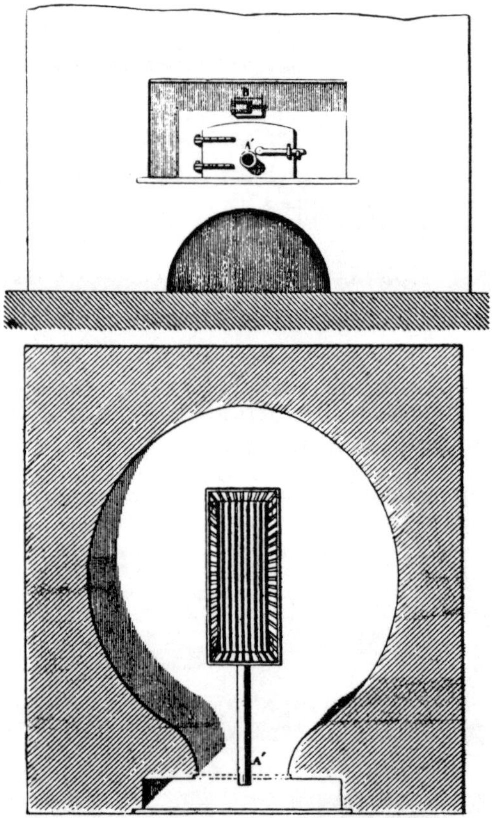

Abbildungen 201 und 202: Backofen von Chaffers
Ansicht und Grundriß.

Das äußere Kennzeichen des G i r a u d s c h e n Ofens ist die Glockenform. Die nur kleine, kreisrunde Backplatte wird von unten geheizt. Abbildung 208 und 209. Obgleich bei diesem Ofen bereits ein zweiter indirekt geheizter Herd oberhalb des Hauptherdes vorhanden ist, hat derselbe nur geschichtliche Bedeutung erlangt. Der Ofen des Grafen von Rumfort ist großzügiger angelegt. Sechs zu einem Ganzen vereinigte Einzelherde in Dreieckform werden von einer zentral

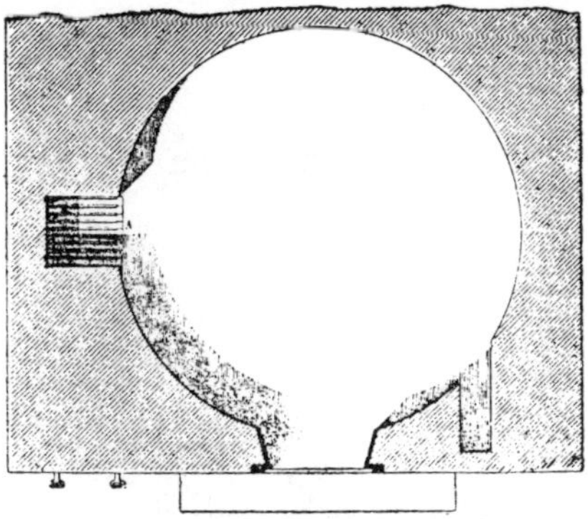

Abbildung 203: Backofen von Branden.

gelegenen gemeinsamen Feuerung geheizt. Abbildung 210 und 211. Bevor die Gase in den Schornstein gelangen, müssen sie je zwei Kanäle in der äußeren Backofenwandung passieren und werden somit gut ausgenutzt. Der Ofen ermöglicht einen kontinuierlichen

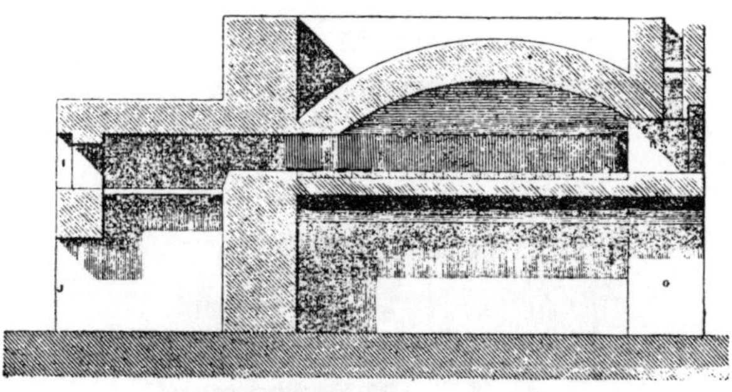

Abbildung 204: Backofen von Baudour.

Betrieb, da alle 6 Öfen, je nach Stellung der Rauchschieber, unabhängig voneinander benutzt werden können. Obgleich dieses System wegen der hohen Baukosten bald wieder verlassen worden ist, feierte es in späterer Zeit seine Auferstehung in den ähnlich konstruierten Gasfeuerungsöfen.

Eine eigenartige Bauart in Bezug auf die Anordnung der Feuerung ist der Ofen von Valfort. Abbildung 212 und 213. Das Feuer (f) befindet sich seitlich oberhalb des Mundloches. Unter Vermittlung einer Klappe (t) gelangen die Heizgase in den Backraum und ziehen durch die 6 im Kreise verteilten Rauchkanäle gemeinsam in den Schornstein.

Abbildung 205: Backofen von Baron.

In England (Manchester, Birmingham) sind vielfach Öfen gebräuchlich, die gemäß Abbildung 214 und 215 mit Rostfeuerung unterhalb des Mundloches ausgerüstet sind. Sie fallen auf durch die eigenartige Anordnung der Rauchabzugskanäle und durch die rechteckige Form der Backplatte.

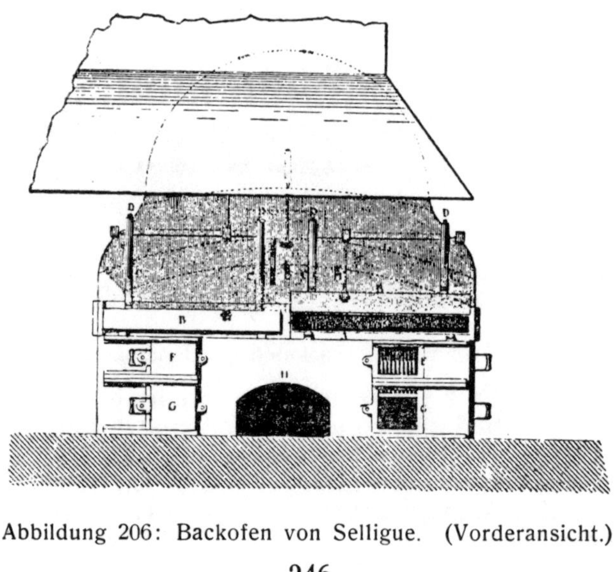

Abbildung 206: Backofen von Selligue. (Vorderansicht.)

Einen Schritt weiter geht *Biabaud*, Abbildung 216 und 217, indem er die Heizgase des bei f befindlichen Holzfeuers durch 2 seitlich vom Mundloche liegende Kanäle in den Backraum führt. Die Gase durchziehen den Backraum und gelangen durch 5 Abzugskanäle C vom hinteren Ofenende unter die Backsohle, geben hier ihre Wärme noch weiter ab und ziehen oberhalb des Gewölbes, von hinten ausgehend, abermals durch mehrere Abzugskanäle in den vorn gelegenen Schornstein.

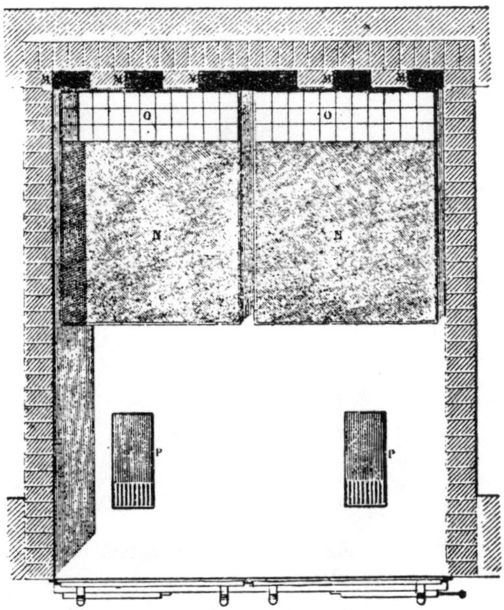

Abbildung 207: Backofen von Selligue (Grundriß.)

Aus diesen Öfen sind offenbar die Backöfen mit doppelter Seitenfeuerung entstanden.

Die moderne Ausführung eines *Seitenfeuerungsofens* für Kohlenheizung zeigt Abbildung 218. Der Ofen ist mit allen neuzeitlichen Armaturen versehen.

Bei den *Backöfen mit Flammenhauben* liegen unterhalb der Sohle ein oder zwei Feuer seitlich von der Einschießtür. Die austretenden Flammen werden durch haubenartige Mundstücke, die in den Backraum hineinragen und gedreht werden können, so geführt, daß eine gleichmäßige Erhitzung aller Teile des Backraumes erzielt wird. Abbildung 219 zeigt die Anordnung von Baudu mit nur einem Feuer auf der linken Seite. Auf Abbildung 220 sind die beiden Flammenwerfer des Hadancourt-Ofens zu erkennen. Die Ausführung einer solchen Flammenhaube geht aus Abbildung 221 hervor; die Oeffnung wird nach erfolgtem Anheizen durch eine Klappe geschlossen.

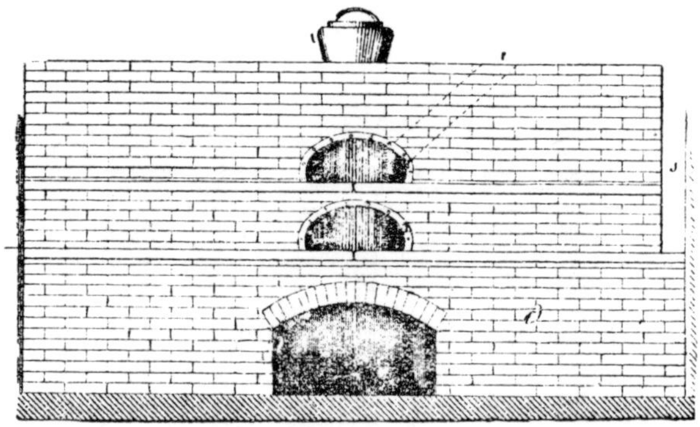

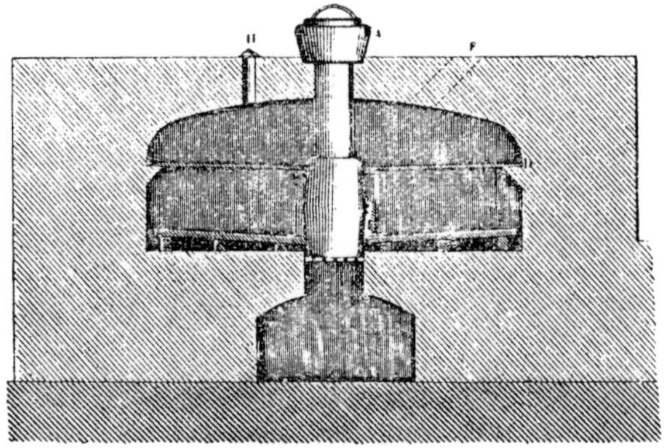

Abbildungen 208 und 209: Glockenofen von Giraud
Ansicht und Schnitt.

c. Backöfen mit beweglicher Rostfeuerung.

Backofen „Ideal" und Mousseau. Beim Idealofen (Abbildung 222) liegt das Steinkohlenfeuer gleich hinter dem Mundloche auf der Sohle. In einer Oeffnung der Sohle befindet sich ein eiserner Kasten, welcher die Roststäbe enthält und der nach erfolgtem

Anheizen gesenkt werden kann. Ein unterhalb der Sohle aufgestellter Ventilator schafft die nötige Frischluft heran, die zuvor durch ein Kanalsystem zur Vorwärmung unter dem Ofen entlang geführt wird. Vollkommener ist der Ofen von Mousseau-Paris, bei

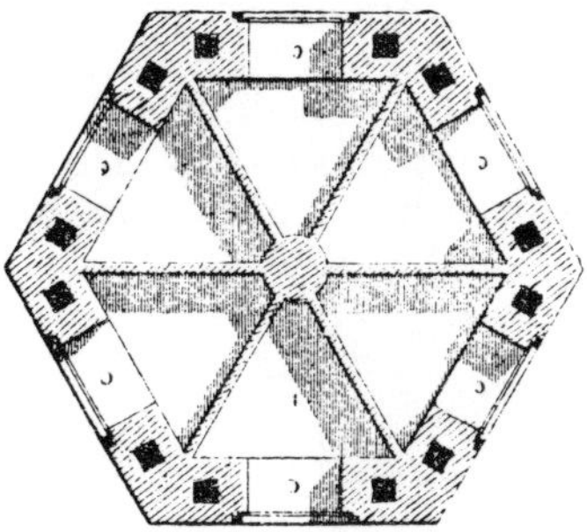

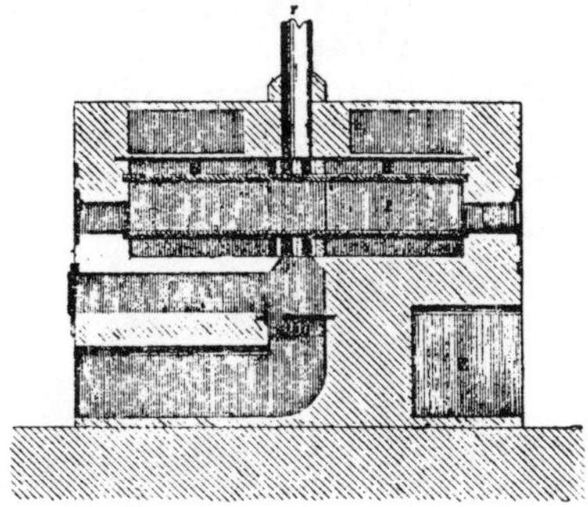

Abbildungen 210 und 211: Backofen von Rumfort.

dem ebenfalls eine versenkbare Feuerung vorhanden ist. Der eiserne Feuerkasten ist so bemessen, daß er die für eine Beschickung notwendige Menge an Brenn-

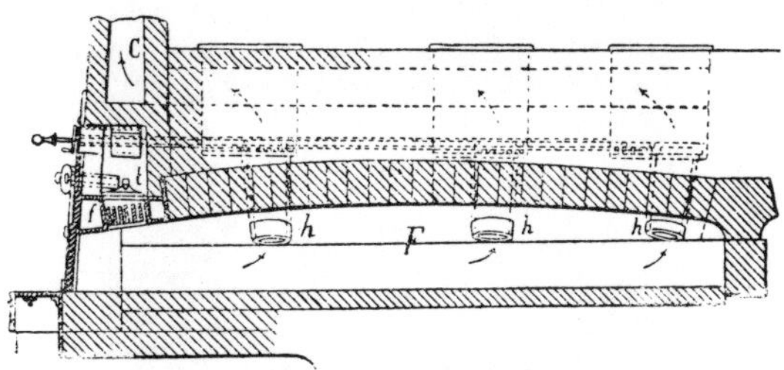

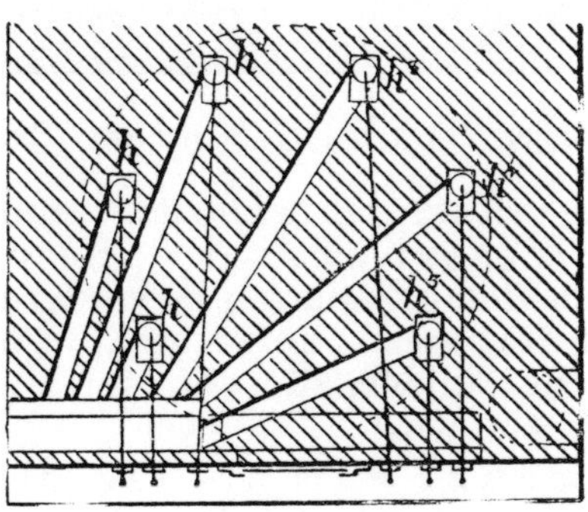

Abbildungen 212 und 213: Backofen von Valfort.

stoff gerade aufnehmen kann. Ist die Heizung beendet, so wird die Feuerungsöffnung der Sohle durch eine Klappe geschlossen. Dadurch ist es möglich, die Backplatte bis zum Mundloche vollständig zu beschicken.

Während bei den ersten Ausführungen dieser Bauart das Absenken des Feuerungskastens mit Hilfe eines Zahnräder- und Kettenradantriebes erfolgt (Abbildung 223), haben später verbesserte Öfen eine hydraulische oder druckluftbetätigte Hebevorrichtung (Abbildung 224). Eine Abart der versenkbaren Rostfeuerung sind die Öfen mit Kipprosten, wobei letztere

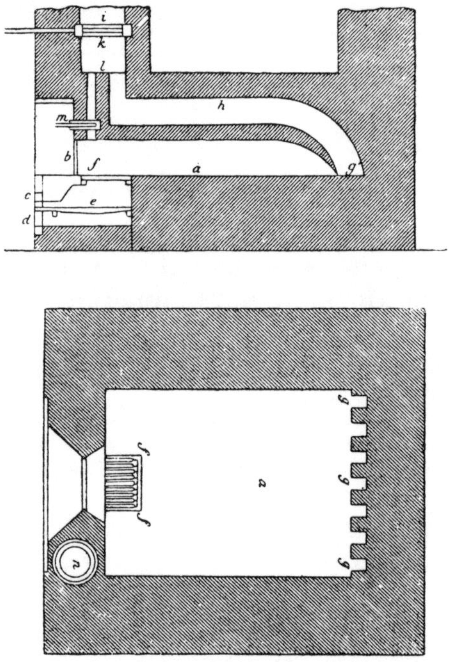

Abbildungen 214 und 215: Manchester Backofen.

durch Gegengewichte ausbalanziert sind. Siehe Abbildung 225. Zum Schließen der Feueröffnung in der Sohle sind bei vielen Bauarten besondere mechanische Betätigungseinrichtungen notwendig. Abbildung 226 zeigt eine solche Anlage, die von der Vorderfront des Ofens aus bedient wird.

G r u n d m a n n s P a t e n t - B a c k o f e n stellt wohl die letzte Verbesserung an beweglichen Feuerungen direkt beheizter Öfen dar. Abbildungen 227 und 228 zeigen die Anordnung des fahrbaren Rostes (DRP). Diese Rostanlage soll sich durch ihre große Brennstoffersparnis auszeichnen. Im allgemeinen genügen 50 kg Briketts, um nach $^{3}/_{4}$-stündiger Brennzeit den Ofen auf 300 ^{0} Temperatur zu bringen. Wird abends gefeuert, so ist die Temperatur am andern Morgen noch etwa 200 ^{0}. Ist bei angestrengten Betrieben mehrmaliges Abfeuern an einem Tage notwendig, so schiebt man die glühenden Kohlen durch den fahrbaren Rost zusammen und benutzt die Glut wieder zum Anfeuern.

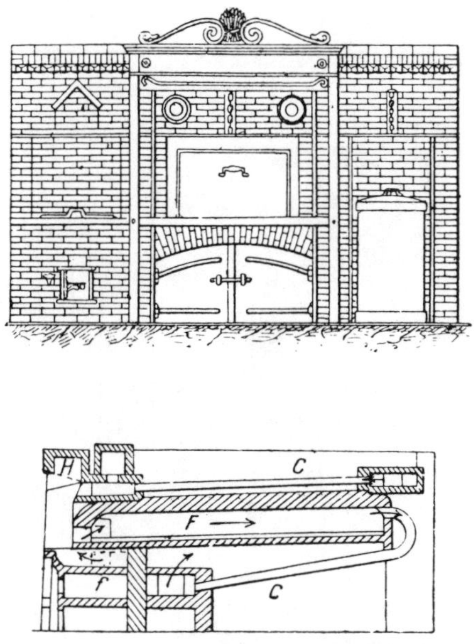

Abbildungen 216 und 217: Backofen von Biabaud.

Auf die saubere Bauausführung und die modernen Armaturen sei noch besonders hingewiesen (Siehe auch Abbildung 229).

Die grosse Anzahl von Verbesserungen an beweglichen Feuerungen und die damit zusammenhängenden Einrichtungen zu besprechen, würde über den Rahmen dieses Buches weit hinausführen.

2. Backöfen mit indirekter Feuerung.

Der Backofen von Jametel & Lamare ist der

Vorgänger der Unterzugsöfen, bei denen die Heizgase nicht durch den Backraum streichen, sondern durch ein Kanalsystem geleitet werden, um so den Ofen indirekt zu erhitzen. Die ersteren Ausführungen hatten noch keine Rosten, waren daher sehr kostspielig im Betriebe.

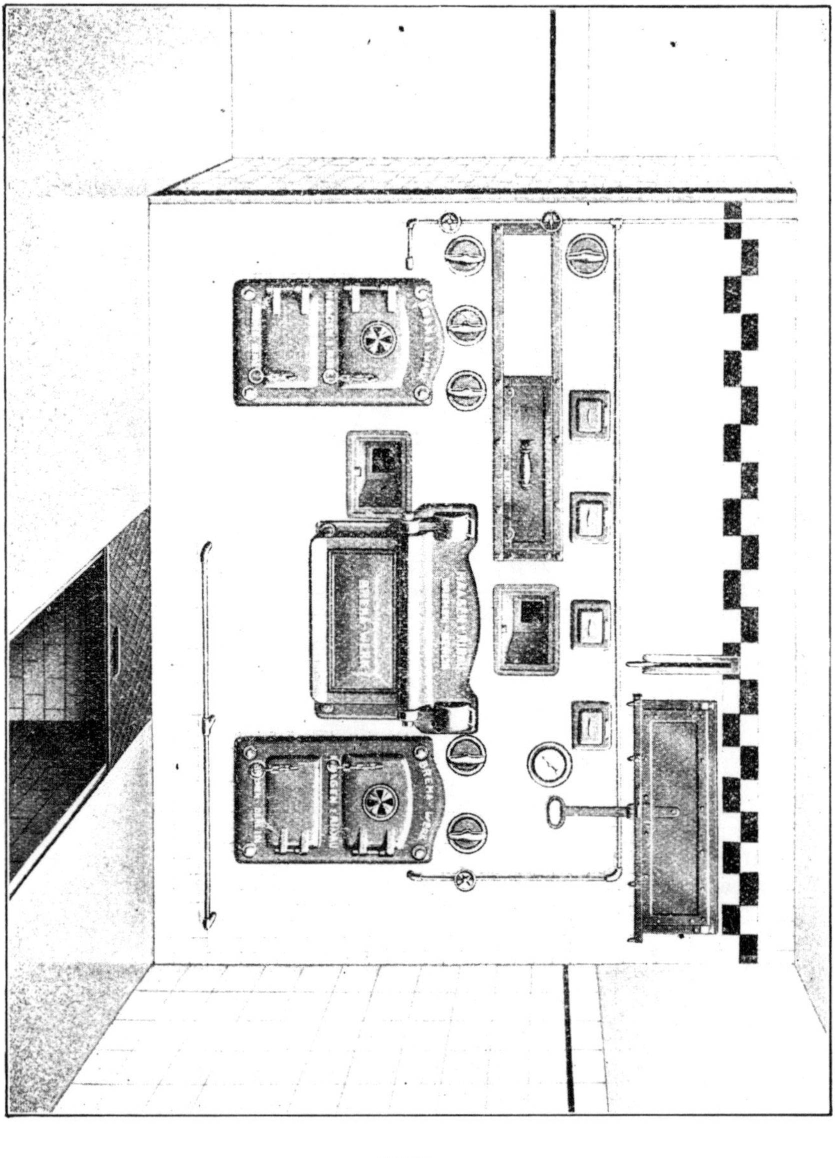

Abbildung 218: Zweiseitenfeuerungsofen „Brema“, Haagen & Rinau, Bremen.

Eine später verbesserte Bauart mit Rostfeuerung zeigt Abbildung 230. Trotzdem die Kanäle nur unterhalb der Sohle angeordnet sind, hat der Ofen zufriedenstellend gearbeitet. Perret benutzt zur besseren Ausnutzung der Heizgase bei seinem Heißluftofen eine unterhalb der Einschießöffnung angeordnete Etagenheizung. Das eigentliche Feuer befindet sich auf dem Rost f (Abbildung 231). Die zurückschlagende Flamme kommt an zwei Stellen, bei e, mit Kohlenstaub in Berührung. Die Heizgase durchlaufen dann ein Kanalsystem, das ringsum den Backraum führt. Eine weitere Ausführungsform zeigt Abbildung 232. Dieser Unterzugsofen von Mahot-Paris besitzt verhältnismäßig lange Heizzüge, welche den Ofen benachteiligen.

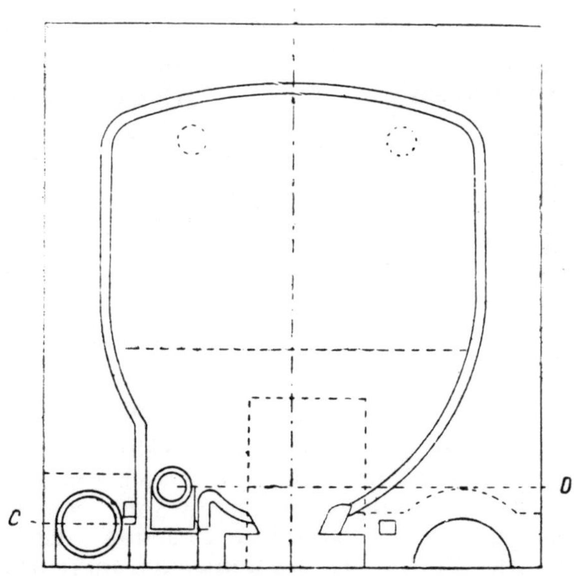

Abbildung 219: Backofen von Baudau.

Gerade bei den Unterzugsöfen, die wegen der langen Heizkanäle zu großen Wärmeverlusten neigen und damit mehr Brennstoff benötigen, ist die Art der Feuerung von großer Bedeutung. Moderne Öfen dieser Art, wie z. B. der Helispar-Backofen der Debag, München, sind daher mit Sparrostfeuerung ausgerüstet (Siehe Abschnitt I).

Die Abbildung 233 zeigt den Querschnitt durch

einen solchen Ofen. Der unterste Raum stellt den ersten Backherd dar, der mittlere ist der Heizraum, das sogenannte Feuergewölbe, der dritte Raum stellt den oberen Backherd dar. Ueber dem dritten Raum

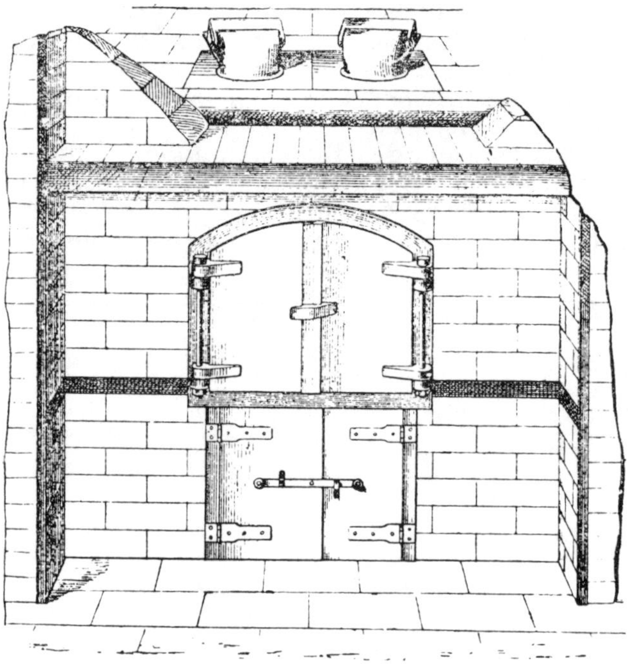

Abbildung 220: Backofen von Hadancourt.

befinden sich die Oberzüge, wie dieselben vom Dampfbackofen her bekannt sind. Links vom unteren Backraum ist der Schwelapparat angeordnet und daneben der Rost, d. h. die eigentliche Heizung. Unter dem Rost ist, wie üblich, der Aschenkasten angeordnet. Im

Abbildung 221: Flammenhaube eines Hadancourtofens.

Schnitt ist der Ofen mit Vorderfeuerung gezeichnet, kann aber auch mit Seitenfeuerung, sowohl links- als auch rechtsseitich oder von rückwärts, entsprechend den örtlichen Verhältnissen, ausgestattet werden. Die Anordnung des Wasserkessels ist gleichfalls aus dem Bilde ersichtlich. Unter dem untersten Backraume befindet sich noch das Gewölbe für den Fußgrubenwagen.

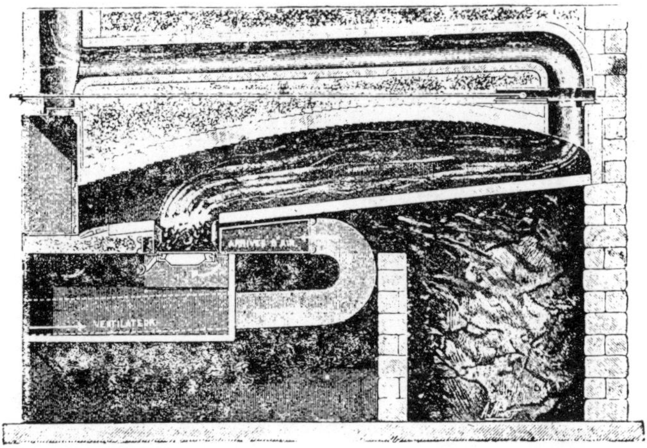

Abbildung 222: Backofen „Ideal" mit Unterwindgebläse.

Die Erwärmung der Backräume geschieht nun wie folgt: Auf den Rost wird die erforderliche Menge

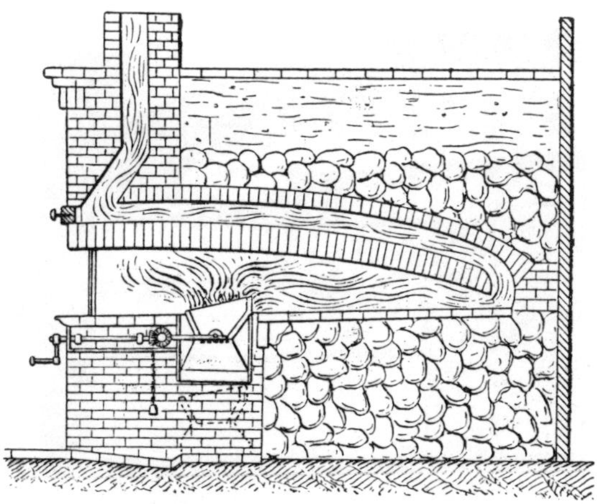

Abbildung 223: Backofen von Mousseau, versenkbarer Rost.

Brennmaterial: Holz, Braunkohle, Braunkohlenbriketts, Torf usw., eingebracht und in üblicher Weise entzündet. Die Flammen streichen über die Decke des unteren Backraumes hinweg und werden durch kurze, senk-

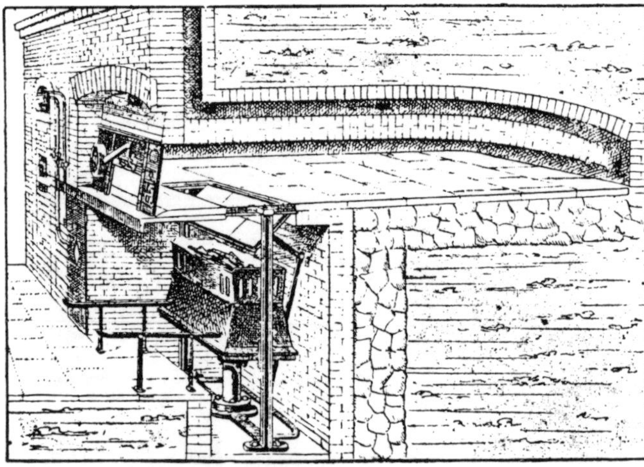

Abbildung 224: Backofen von Mousseau. Versenkbarer Rost mit hydraulischem Antriebe.

rechte Schächte an allen vier Ecken des Backofens hochgeführt. Ueber dem zweiten Backraum streichen die Feuergase nach vorne, werden wieder nach rückwärts geleitet und gelangen durch die Absperrvorrichtung,

Abbildung 225: Kipprostanlage eines Backofens.

die sogen. Rauchschieber und durch den Fuchs in den Kamin.

Wie also ersichtlich, besteht der Helispar-Back-

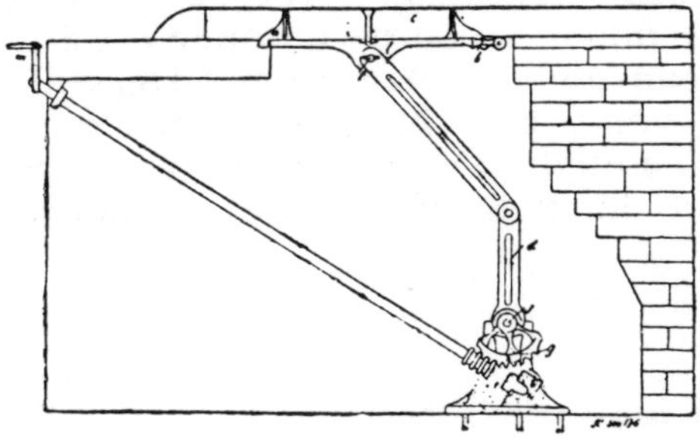

Abbildung 226: Backsohlen-Schließklappe.

ofen im Prinzip aus drei übereinander angeordneten alten deutschen Holz- und Kohlenbacköfen, lediglich mit dem einen, jedoch bedeutungsvollen Unterschiede,

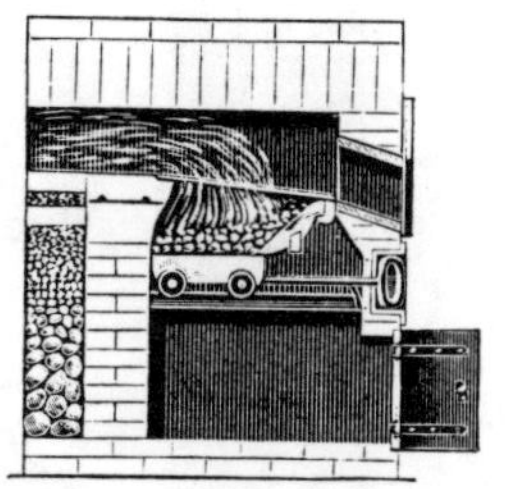

Abbildung 227: Grundmanns Patentbackofen, Fahrbarer Rost Rauchverzehrendes Brennen.

daß im unteren Backraume nur gebacken, im mittleren Raume nur geheizt und im dritten Raume ausschließlich wieder gebacken wird. Würde man den Heizraum

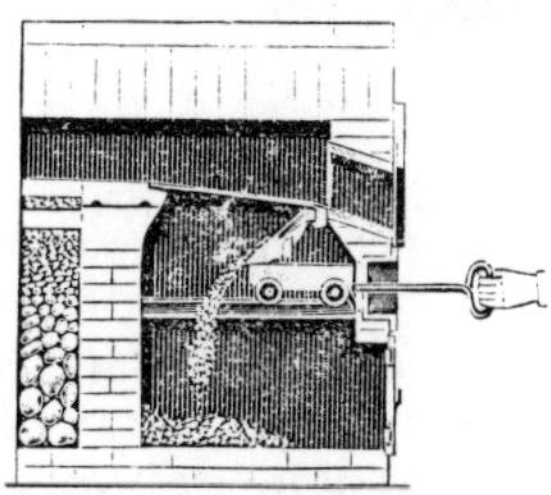

Abbildung 228: Grundmanns Patentbackofen, selbsttätig staubfreie Reinigung des Feuers.

zum Oeffnen anordnen, so könnte auch darin Brot gebacken werden, es wäre dann nur erforderlich, den Heizraum auszuwischen, wie dies bei den alten deutschen Backöfen üblich ist. Der obere Backraum wird sowohl von unten als auch von oben erwärmt. Anders dagegen beim unteren Backraum. Derselbe wird ausschließlich von oben beheizt, erhält also keinerlei Wärme von unten. Diese, durch Patente gesetzlich geschützte Art der Beheizung ist neu und drängt unwill-

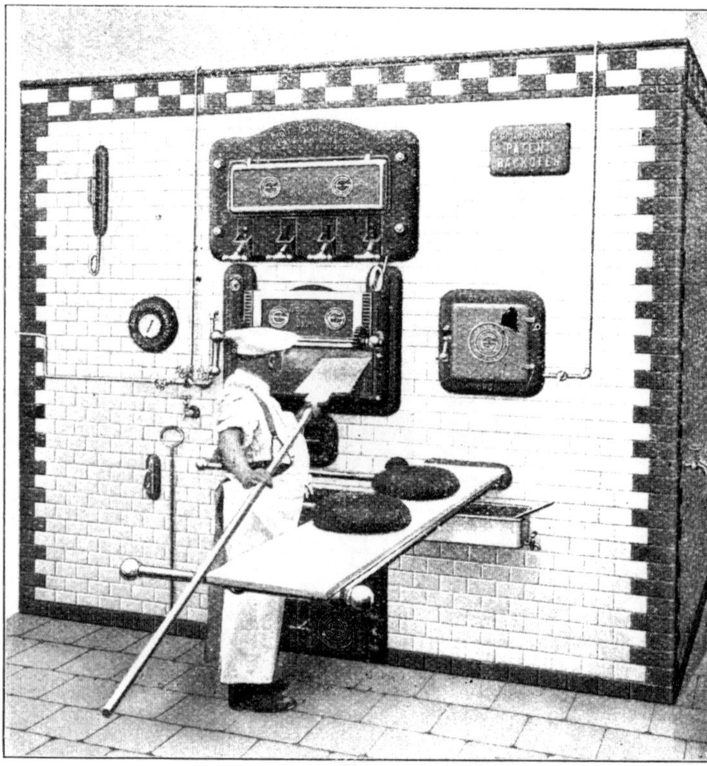

Abbildung 229: Grundmanns Patent-Backofen.
Oben die vier Röhrenverschlüsse.

kürlich die Frage auf, ob denn tatsächlich der untere Backraum auch genügend Unterhitze bekommt. Es darf hier vorausgeschickt werden, daß tatsächlich der untere Backraum genau diejenige Wärmemenge für Unter- und Oberhitze erhält, die für den Backbetrieb in den einzelnen Bäckereien erforderlich ist. Es liegt dies in der Konstruktion des Ofens und in der besonderen Beschaffenheit des verwendeten Materials.

Diese Art der Beheizung ist erstmals vor vielen Jahren durch Zufall in der Praxis benützt worden und hat in der Zwischenzeit ihre absolute Brauchbarkeit erwiesen. Die wissenschaftliche Bestätigung dieser praktischen Erfahrung war im wesentlichen erst auf Grund der Ergebnisse systematischer Versuche in der Nachkriegszeit möglich.

Abbildung 230: Backofen von Jametel & Lamare.

Aus Abbildung 234 ist die weitere Führung der Heizgase zu erkennen. Der Ofen ist übrigens auch mit allen modernen Armaturen versehen.

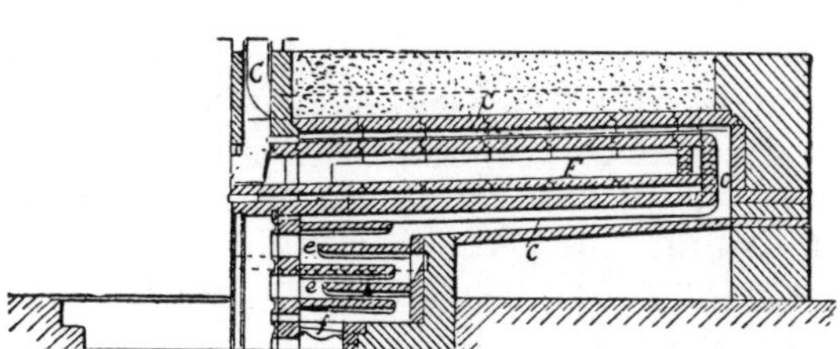

Abbildung 231: Backofen von Perret.

3. Dampfbacköfen.

Die Dampfbacköfen gehen zurück auf die Konstruktion von Perkins and Son-England. Unterhalb der Sohle und unter dem Gewölbe sind mehrere Dampfröhren nebeneinander angeordnet, deren Enden einer Seite direkt in den im hinteren Teile des Ofens gelegenen Feuerungsraum hineinragen. Siehe auch Abbildungen 36 und 37. Die untere Röhrenreihe liegt fast in direkter Berührung mit dem Brennstoffe, während die obere Reihe mehr von den abziehenden Gasen geheizt wird. Die verwandten Dampfröhren aus Stahl haben 18 mm Innendurchmesser und eine Wandstärke von etwa 14 mm. Anstelle der von Perkins eingeführten Wasserfüllung der Heizrohre wird heute vielfach eine andere, indifferente Flüssigkeit genommen.

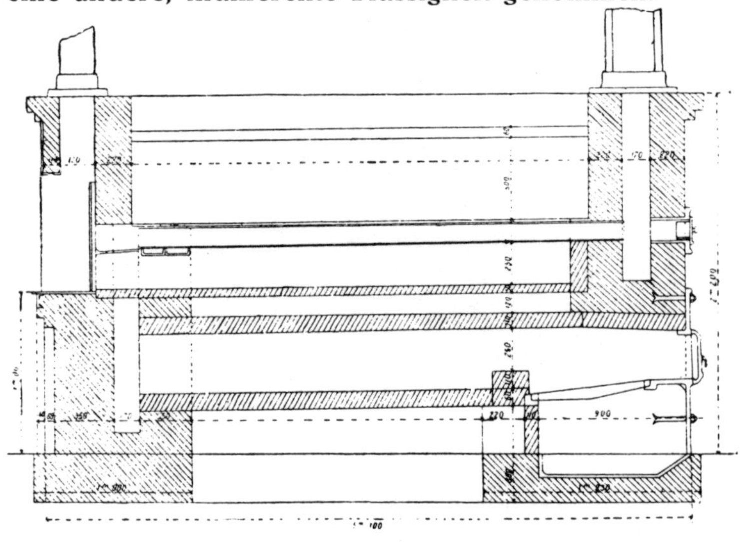

Abbildung 232: Unterzugsofen von Mahot. Paris.

Mit der Anwendung der Dampfheizung hat sich auch die Form des Backraumes geändert. Während früher die gedrückte Birnenform am zweckmäßigsten war, kommt heute fast ausschließlich die rechteckige Form der Sohle zur Ausführung. Dementsprechend werden die Dampfheizröhren etwa nach dem Schema der Abbildung 235 verteilt.

a. Einschießbacköfen.

Abgesehen von ganz kleinen Verhältnissen werden

die Einschießbacköfen, die alle vorkommenden Gebäckarten gleich gut backen sollen, meist als Zweidecköfen ausgeführt, wobei jeder Backraum durch ein Rohrsystem für sich geheizt und reguliert werden kann. Ebenso oft aber findet man den Kombinationsofen, bei dem der obere Herd von den abziehenden Heizgasen erhitzt wird und infolge seiner um 30 ° geringeren Temperatur sich vorzüglich als Ausbackherd für alle Gebäckarten eignet, die nur geringerer Hitze bedürfen.

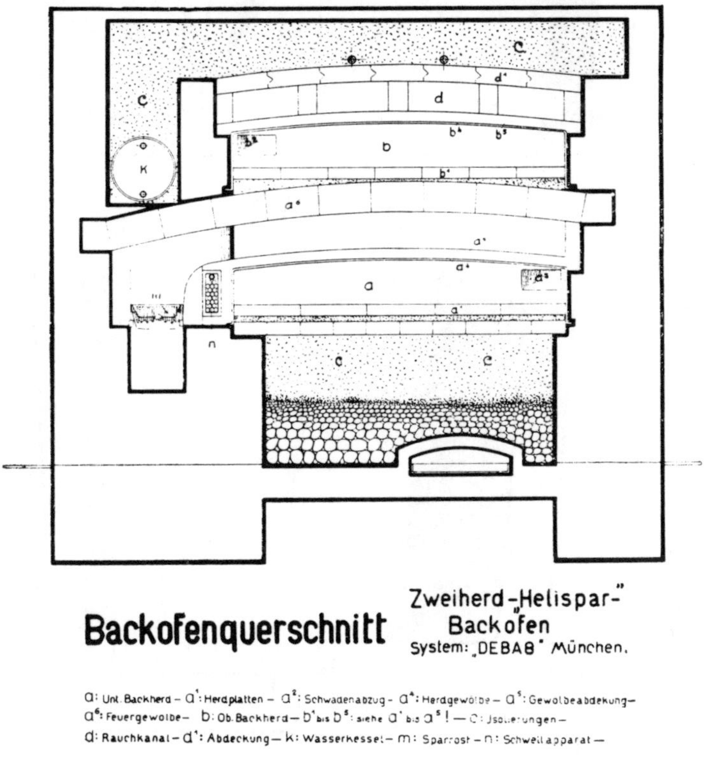

Abbildung 233.

Die Armaturen, die Schwadenapparate, Beleuchtungslampen für den Backraum, Pyrometer und Uhren, sind heute bei den verschiedenen Fabrikaten mit geringen Abweichungen in der Bauart oder der Montage immer dieselben.

Abbildung 236 zeigt den Zweideckeinschießofen „Viennara“, Werner & Pfleiderer, Canstatt, mit einem

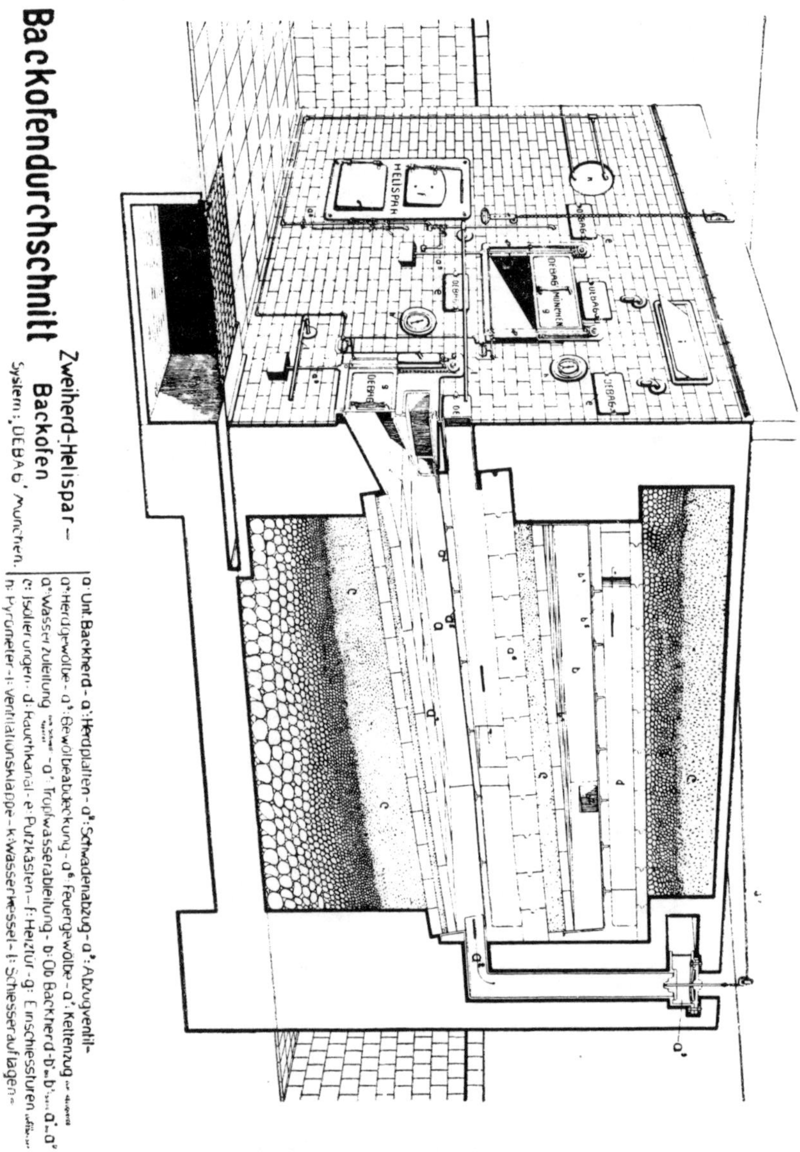

Abbildung 234.

linksseitig bedienbaren Konditorherde. Zum Bedienen des unteren Hauptherdes ist eine Fußgrube vorgesehen. Soll während des Backprozesses aus irgend einem

Grunde die Backhitze von oben geschwächt werden, so schiebt man bewegliche Zwischenbleche zwischen Herd und der oberen Rohrreihe ein. Diese Zwischenbleche können zur Aenderung der Schirmwirkung jalousieartig geöffnet und geschlossen werden. Die Einschießtüren werden, falls erforderlich, auch in versetzter Anordnung hergestellt. Die Feuerung des Ofens befindet sich an der Hinterseite. Abbildung 33 stellt den Schnitt durch einen „Viennara"-Zweideckofen dar aus dem in sehr übersichtlicher Weise die Lage der Heizröhren zu erkennen ist.

Abbildung: 235: Anordnung der Heizröhren bei einem Dampfbackofen mit Seitenfeuerung

Der Kombinationsofen der Abbildung 237 hat zwei übereinander angeordnete Schiebeschruften und rechts liegende Feuerung. Die Dampfröhren haben Wasserfüllung. Abbildung 238 zeigt weiter einen Kombinationsofen mit versetzten Türen. Für den oberen Herd kann die Treppe ausgefahren werden. Die Feuerung befindet sich vorn.

Der Ofen Abbildung 239 hat drei feste Herde mit Klappschruften, die versetzt angeordnet sind. Der Ofen ist mit Seitenfeuerung und eingebautem Gärschranke versehen.

Die Größen der Herdplatten dieser Art von Öfen liegen zwischen 2 × 1,5 m und etwa 4,5 × 2,5 m.

Abbildung 236: Zweideck Einschieß-Dampfbackofen mit Fußgrube.

b. Auszugsöfen.

Backöfen mit Auszugsherden werden als Ein- oder Zweidecköfen gebaut. Abbildung 240 zeigt einen „V o l t e x“-Ofen mit zwei Auszugsherden in eingefahrenem Zustande. Dieser Ofen ist im Gegensatze zu dem „T e l e s c o c a r“-Ofen mit Klappschruften ausgestattet, während Letzterer bei sonst gleicher Bauart Schiebetüren besitzt. Jeder Herd ist vollständig unabhängig vom andern. Die Öfen sind fast für jede Backware geeignet, Für die Weißbrotbäckerei werden sie mit doppelt wirkenden Schwadenapparaten ausgestattet, die abwechselnd in Tätigkeit treten.

Abbildung 237: Zweideck-Einschieß-Dampfbackofen mit Schiebeschruften. Gebr. Lorch, Winnenden.

Häufiger als die reinen Auszugsherde (Abbildung 241), die gern von den Großbäckereien bevorzugt werden, findet man die Kombinationsöfen. So z. B. Abbildung 242, bei dem außer einem Auszugsherde noch je ein Einschießherd mit Rohr- bezw. Kanalheizung vorgesehen ist. Zur Bedienung des oberen Herdes wird wieder eine ausziehbare Treppe benutzt. Auf Abbildung 243 sind bei dem Auszugs-Dampfbackofen „W e r n e r" zwei nebeneinander liegende Auszugsherde

Abbildung 238: Kombinations-Einschieß-Dampfbackofen mit versetzten Schruften. Habämfa, Halle a. S.

angeordnet, verbunden mit einem festen Einschießherde, und einem zweitürigen Konditorherde.

Bei solchen kombinierten Öfen werden meist Schwarzbrot und Konditorwaren auf dem Auszugsherde, Weißbrot und Kleingebäck auf dem Einschießherde gebacken.

Die gebräuchlichsten Abmessungen der Herdplatten für Auszugsöfen liegen zwischen 1,6 × 0,8 und 3,6 × 1,7 m.

4. Gasbacköfen mit direkter Heizung

Die Gasbacköfen haben sich aus den bekannten

direkt geheizten Kohlenöfen entwickelt. Bei der ersten Ausführung wurde auf die eigentliche Ofenkonstruktion wenig Rücksicht genommen, sondern nur die Heizung etwa nach dem Prinzip der Hadancourt-Flammenhaube für Gasfeuerung eingerichtet. Zu diesem Zwecke wurden mehr oder weniger geeignete Gasbrenner in das Mundloch eingeschoben und die Flamme über die Backsohle geleitet.

Von den älteren Ausführungen ist der Gasheiz-

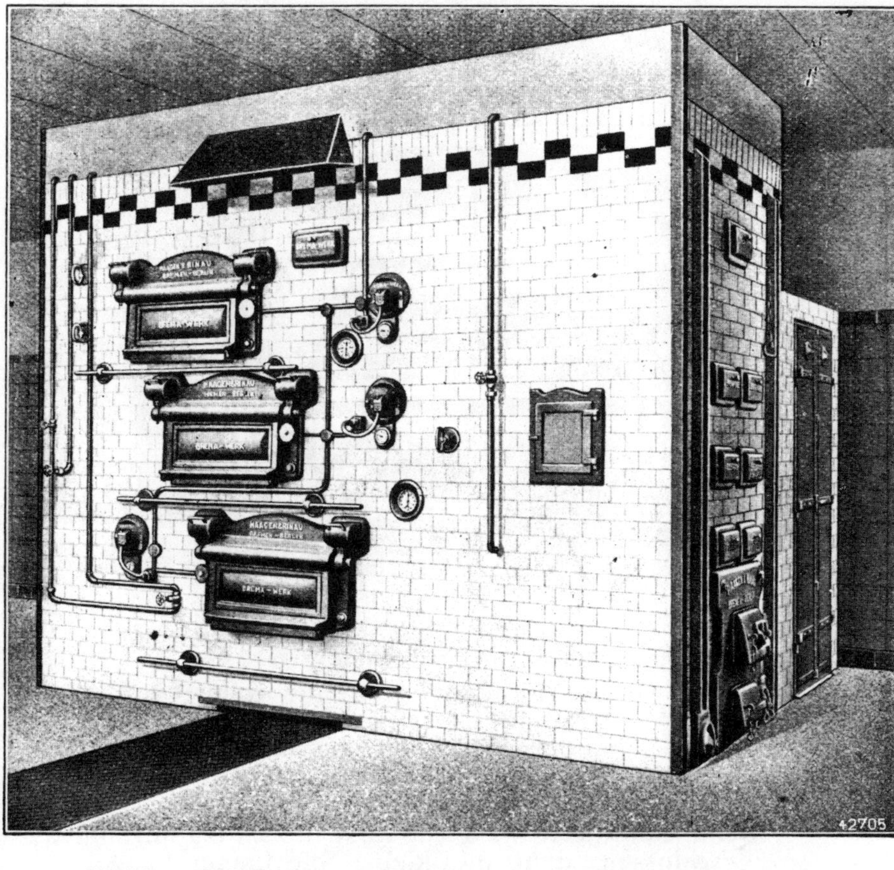

Abbildung 239: Dreietagen-Dampfbackofen mit versetzten Schruften Haagen & Rinau, Bremen.

Apparat „Rapid“ an einem beweglichen Arme in der Nähe der Einschießöffnung montiert und läßt sich zum Zwecke des Heizens vor das Mundloch schwenken.

Er besteht nach Abbildung 244 aus der Gaskammer B und der Mischkammer F, an der die 5 oder 7 Stück Brennerrohre in zwei Etagen angebracht sind. Die Gaszuführung erfolgt durch das Rohr A von 50 mm lichter Weite, das durch einen Absperrhahn geschlossen werden kann. Ein zweiter Hahn führt der kleinen Zündflamme die notwendige Gasmenge zu. Das aus der Hauptleitung kommende Gas strömt nun aus der Gaskammer in die Mischkammer, wird mit der erfor-

Abbildung 240: Ansicht eines „Telescocar"-Ofens, Modell „Voltex" von Werner & Pfleiderer. Backherde ganz eingeschoben.

derlichen Menge Frischluft gemischt und gelangt in die Brennerröhren. Die jeweils verschiedene Luftmenge kann durch Verändern des Abstandes der Gaskammer von der Mischkammer mit Hilfe der beiden Kurbeln M und N einreguliert werden.

Beim Gebrauche wird zunächst die Luftzuführung ganz geschlossen, dann die kleine Stichflamme angezündet und der Apparat vor den Ofen geschoben Dann erst wird der Hauptgashahn aufgedreht und die Luftmenge so eingestellt, daß die Flamme blau brennt.

Die Gasheizung hat der Kohlenheizung gegenüber den Vorteil der Reinlichkeit des Backraumes.

Einen ähnlichen Ofen mit Gasheizung zeigt Abbildung 245, bei welchem der Gasbrenner „Cryptos“ fest eingebaut ist. Die Wirkungsweise ergibt sich aus der Abbildung von selbst. Andere Ausführungen von beweglichen Gasbrennern sind mit kleinen Rädern versehen und können zum Teil in den Backraum eingefahren werden.

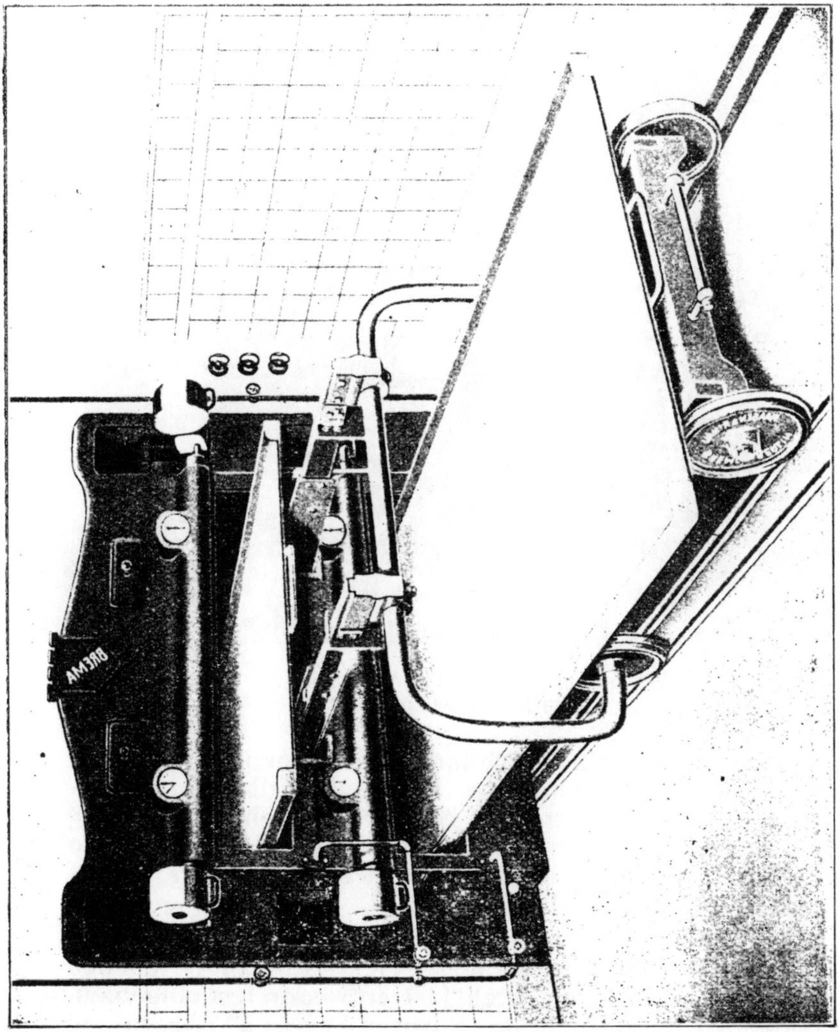

Abbildung 241: Doppelauszugsofen „Brema“, Haagen & Rinau, Bremen.

Eine Abart der vorgenannten Gasapparate sind die in der Kriegszeit entstandenen Rohölbrenner. Sie haben im Gegensatze zu den Gasbrennern nur ein Verbrennungsrohr. Das Rohöl (Ausgangsprodukt des Petroleums) wird mit Preßluft von 0,125 kg/cm² Druck aus dem Vorratsbehälter durch eine bewegliche Schlauchleitung durch den Brenner geblasen und hier mit Preßluft (Verbrennungsluft) von 0,15 kg/cm² Druck gemischt. Die Entzündung des Oelgemisches erfolgt selbsttätig

Abbildung 242: Dampfbackofen mit 1 Auszugsherd, 1 Rohrherd und 1 Kanalherd, Habämfa, Halle a. S.

durch eine kleine Stichflamme, die neben der Düse brennt. Beim Gebrauche ist das Mundloch mit Ausnahme der Oeffnung für das Brennerrohr, vollständig geschlossen, jedoch kann die Richtung der Flamme so geleitet werden, daß alle Teile des Backraumes gleichmäßig erhitzt werden.

Die Nebenapparatur, welche aus dem Rohölvorratsbehälter und der meist elektrisch angetriebenen Kompressoranlage besteht, ist entweder fest eingebaut, oder wie beim Apparate „Thermophore“ (Abbildung 246) fahrbar eingerichtet.

Der Gebrauch des Rohöles für Backofenheizung ist erst neueren Datums. 1924 sollen bereits 250 Apparate dieser Art aufgestellt worden sein.

Mit dem modernen, direkt geheizten Gasbackofen tritt der Backofenbau nun in ein neues Stadium der Entwicklung.

Abbildung 243: Dampfbackofen „Werner“ mit zwei nebeneinander liegenden Auszugsherden, einem Einschießherd und doppeltürigem Konditorherd. Werner & Pfleiderer, Cannstatt.

Während bei den älteren Ausführungen der Brenner meist wieder fortgenommen werden muß, sind die neuesten Bauarten mit fest eingebauten Brennern ausgestattet. Beim „Steinreflex" Backofen von Haagen & Rinau, Bremen, befindet sich der Brenner oberhalb der Klappschruft. Abbildung 247. Die Flamme erhitzt das Chamottegewölbe, von dem die Hitze dann auf die Sohle zurückgestrahlt wird.

Der abgebildete Ofen besitzt drei Einschießherde. Über jeder Tür befinden sich die Brennerregulier-Schrauben. Der auf der linken Seite unterhalb des Gasabsperrhahnes sichtbare Handgriff betätigt die Verschlußklappe des Abzugsrohres. Auf die neuzeitliche Armaturausrüstung sei noch besonders hingewiesen.

Der Gasbackofen „Pionier", E. Kirst, Stettin, besitzt an jeder Seite des Mundloches einen Gasbrenner. Abbildung 248. Die auf dem Bilde sichtbaren Gasleitungen sind bei den neuesten Ausführungen zum größten Teile eingebaut. Die Verbrennungsluft wird den Brennern durch das auf der rechten Seite vor dem Ofen stehende elektrisch angetriebene Gebläse zugeführt. Der Backofen ist als Zweideckofen ausgeführt und mit versetzten Klappschruften versehen. Da die Ansaugeleitung der Frischluft durch einen Teil des Backofens geführt ist, wird die Luft stark vorgewärmt und begünstigt dadurch die Verbrennung.

Abbildung 249 zeigt zwei ganz moderne Doppel-Auszugsöfen Modell „Telescocar" von Werner & Pfleiderer, Cannstatt, mit direkter Gasheizung. Wie zu ersehen ist, sind oberhalb der Schruften für jeden Herd 6 Gasbrenner angeordnet, die mit beweglichen Schläuchen an ein gemeinsames Gasrohr angeschlossen sind. Gerade bei Auszugsöfen für die Brotfabrikation in großem Maßstabe ist die direkte Gasfeuerung wegen der größeren Wirtschaftlichkeit der indirekten Gasfeuerung vorzuziehen.

Die Spezialgasbrenner werden im Augenblicke des Öffnens der Gashähne durch eine elektrische Einrichtung selbsttätig entzündet.

Die Gasbacköfen bringen noch den weiteren Vorteil mit sich, daß, infolge Fortfallens der Rostanlage, der Platzbedarf erheblich geringer ist, was besonders bei beschränkten Raumverhältnissen nicht zu unterschätzen ist.

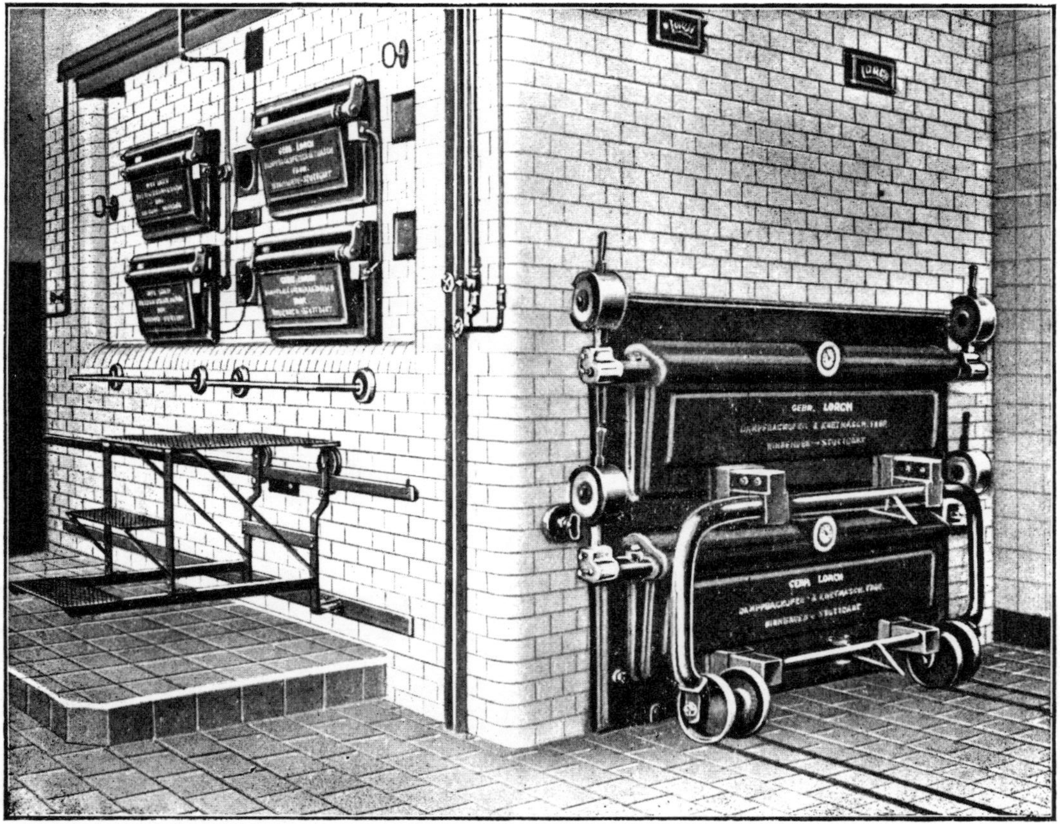

Abbildung 243a: Kombinierter 4-herdiger Dampfbackofen „Triumph“. Gebr. Lorch, Winnenden (Stuttgart)

5. Elektrische Backöfen.

a. Vergleich mit Kohlenöfen.

Bei der heute weit verbreiteten Anwendung der Elektrizität für gewerbliche Zwecke ist es eigentlich zu verwundern, daß der elektrische Backofen nicht schon längst Allgemeingut geworden ist, wie es z. B. der Elektromotor im Bäckereibetriebe schon lange ist, wo

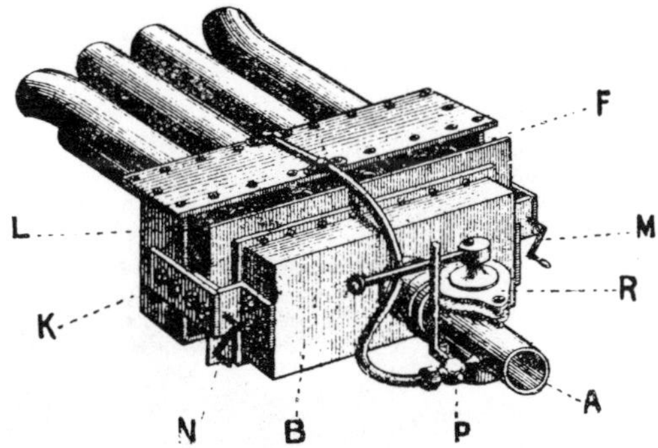

Abbildung 244: Gasbrenner „Rapid" für Backofenheizung.

doch das Bäckereigewerbe mit seinem jährlichen Kohlenverbrauche von 2 Millionen Tonnen ein sicher nicht zu unterschätzender Großabnehmer ist. Es hat dies seinen Grund darin, daß die von Kohle abhängigen

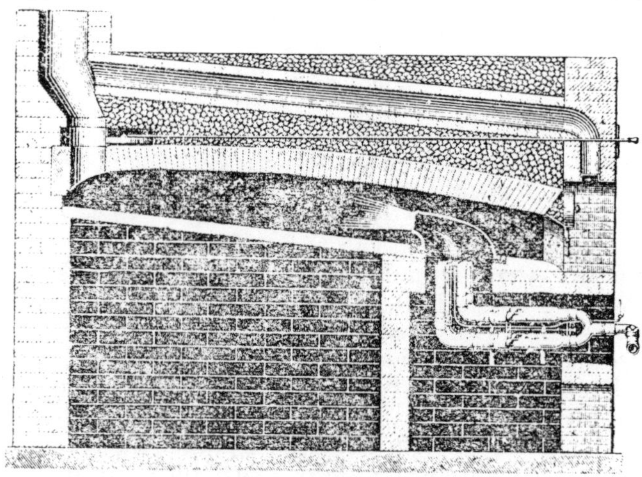

Abbildung 245: Gasbrenner „Cryptos".

Elektrizitätswerke im Gegensatze zu den Wasserkraftwerken die elektrische Energie nicht billig genug abgeben können. Hierbei gewinnt auch die Frage Bedeutung, welchen Strompreis je kWh darf man zulassen, damit der elektrische Backofen mit dem Kohlenofen in Wettbewerb treten kann?

Setzt man den Wirkungsgrad des Kohlenofens auf 10 v. H. fest und rechnet für die theoretisch erforderliche Kohlenmenge (Heizwert zu 7600 WE ange-

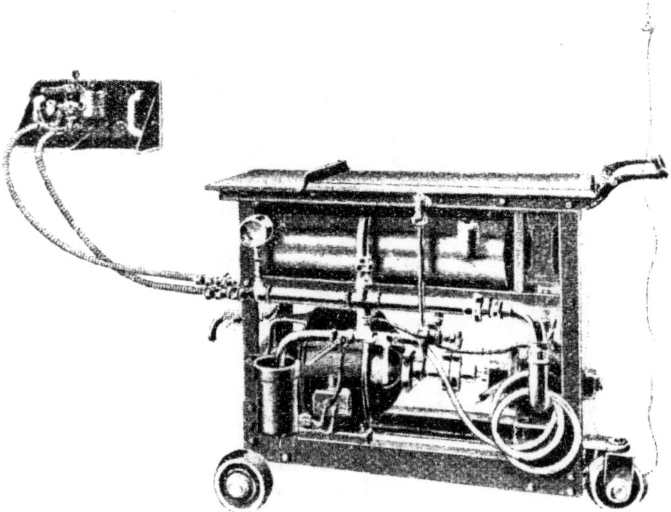

Abbildung 246: Fahrbarer Kompressor „Thermophore", für Backöfen mit Rohölheizung.

nommen) zum Ausbacken von 100 kg Brot 15 000 : 7600 = rund 2 kg, so werden in Wirklichkeit 2 : 0,1 = 20 kg Kohlen gebraucht.

Um die gleiche Brotmenge im elektrischen Ofen auszubacken, sind etwa 33,5 kWh erforderlich, d. h. wenn der Preis von 0,6 kg Kohle gleich dem Preise von 1 kWh ist, so sind die Gestehungskosten beim Backen gleich groß. Bei Braunkohlenbriketts von rund 4700 WE darf der Preis von 1 kWh nicht höher sein als der Preis von 1 kg Briketts. Für ständige Industrieabnehmer stelle sich beispielsweise 1 kg Kohle auf 1,5 Pf. oder 1 kg Brikett auf 1,1 Pf., dann darf der Strompreis je Kilowattstunde theoretisch nicht höher sein als rund 1 Pf.

Es wäre natürlich verfehlt, diesen Satz zu einem *Kostenvergleich* zu Grunde zu legen, denn es ist zu berücksichtigen, daß die elektrische Energie ohne weitere Nebenkosten geliefert wird, bei der Kohlenheizung aber noch Handelsaufschlag, Transport, Lagerung usw. hinzukommen. Nicht das allein, es sind auch noch die Kosten für das tägliche Heizen, die Ascheabfuhr, die Reinigung der Feuerung und der Rauchzüge usw. aufzuwenden. Berücksichtigt man alle diese Umstände, so ergibt sich ein wesentlich an-

Abbildung 247: Gasbackofen „Steinreflex". Haagen & Rinau, Bremen.

derer Satz für den Preis, den man je kWh zulassen kann.

So angenehm den Elektrizitätswerken Großabnehmer für elektrische Energie sind, so unerwünscht ist ihnen die Stromabnahme dieser Verbraucher zu gewissen Zeiten des Tages. Der Umstand, daß gerade gegen Abend und mit Ausnahme des Sommers, auch gegen Morgen gewaltige Spitzenleistungen in der Belastung auftreten (siehe Abbildung 250), hat zur Einführung von Sperrzeiten geführt, damit die Großabnehmer nicht noch zur Vergrößerung der Spitzenlei-

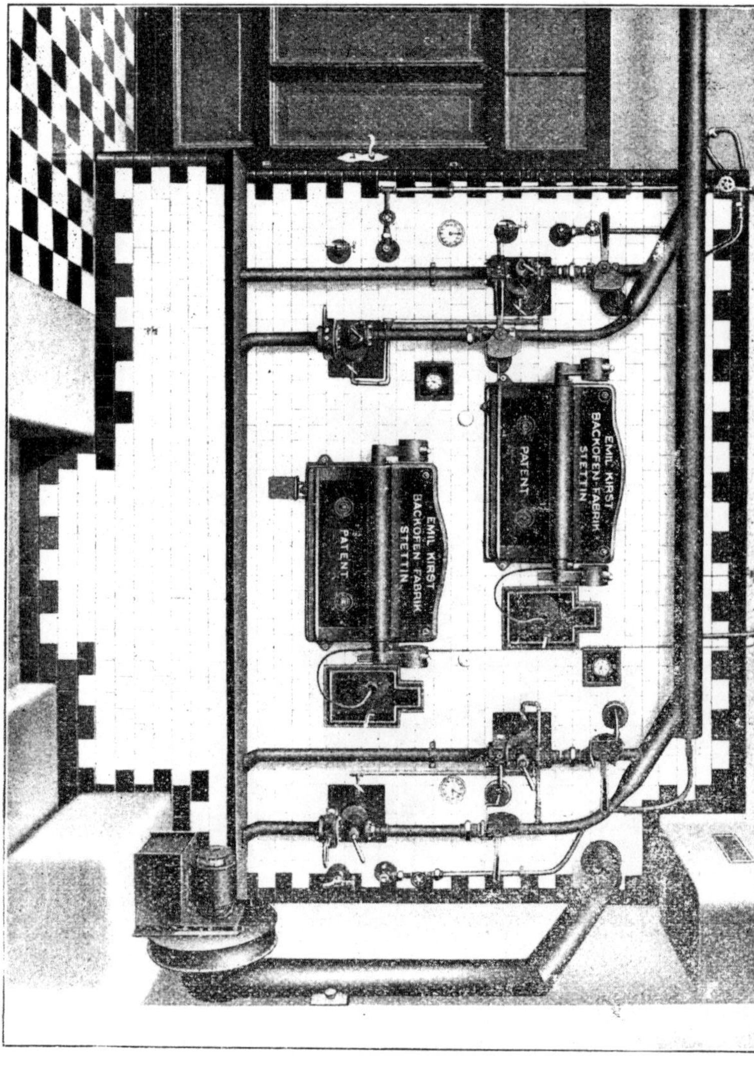

Abbildung 248: Gasbackofen „Pionier", E. Kirst, Stettin

stungen beitragen sollen. Für den Bäcker würde diese Maßnahme ein großes Hindernis darstellen, da er sich schlecht von der Tageszeit unabhängig machen kann. Aber auch hier ist Abhilfe möglich, die sowohl den Wünschen des Bäckers, wie auch des Elektrizitätswerkes entgegen kommt. Es ist die Anwendung von elektrischen Wärmespeicher-Backöfen unter Benutzung des billigeren Nachtstromes.

Abbildung 250 zeigt unten zwei Schaulinien eines

Abbildung 249: Zwei direkt mit Gas beheizte Doppelauszugsöfen „Telescocar", Werner & Pfleiderer, Cannstatt.

Elektrizitätswerkes, einmal vor und das andere Mal nach dem Anschlusse von Wärmespeicheranlagen. Man sieht, in welch günstiger Weise sich die Belastungsspitzen ausgeglichen haben.

Beim elektrischen Speicherofen wird Nachts die Wärme aufgespeichert und steht dann am folgenden Tage ohne weitere Stromzufuhr zur Verfügung. Während für Raumbeheizung in dieser Art von einigen Werken schon verbilligte Strompreise eingeführt sind, hat das Elektrizitätswerk München in vorbildlicher Weise einen Sondertarif für Elektro-Wärmespeicherbacköfen bewilligt und berechnet danach zur Zeit die Kilowattstunde brutto mit 2,8 Pf. Auf diesen Preis kann bei entsprechend großer Entnahme noch ein Sondernachlaß von 20 v. H. gewährt werden. Unter solchen Verhältnissen ist die Wahl eines Ofensystems sehr leicht.

Rechnen wir für das Ausbacken von 100 kg Brot 33,5 kWh, so betragen die Gesamtkosten rund 100 Pf., je kg also nur etwa 1 Pf. Will man im Vergleich hierzu die Kosten bei einem Kohlenofen ermitteln, so hat dies unter Berücksichtigung der weiter oben bereits an-

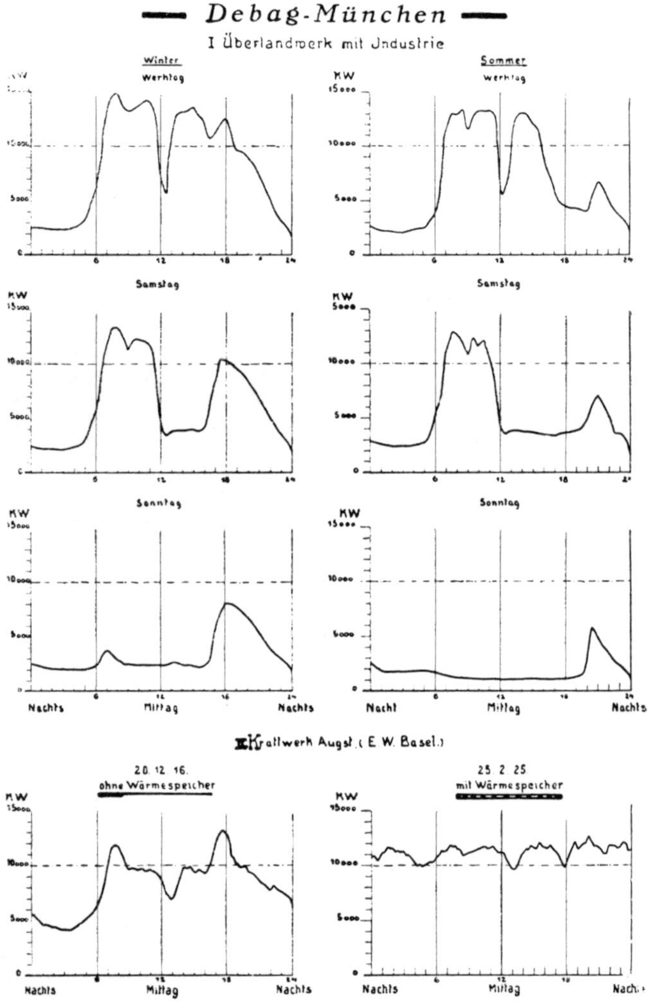

Abbildung 250: Tagesbelastung eines Elektrizitäts-Werkes mit und ohne Wärmespeicheranschluß.

gegebenen Umstände zu geschehen. Wie die Erfahrung lehrt, ist man zu leicht geneigt, möglichst günstig zu rechnen und betrachtet nur die direkten Materialkosten, was aber nach dem Gesagten leicht zu Täuschungen über die Höhe der wirklichen Kosten führen kann.

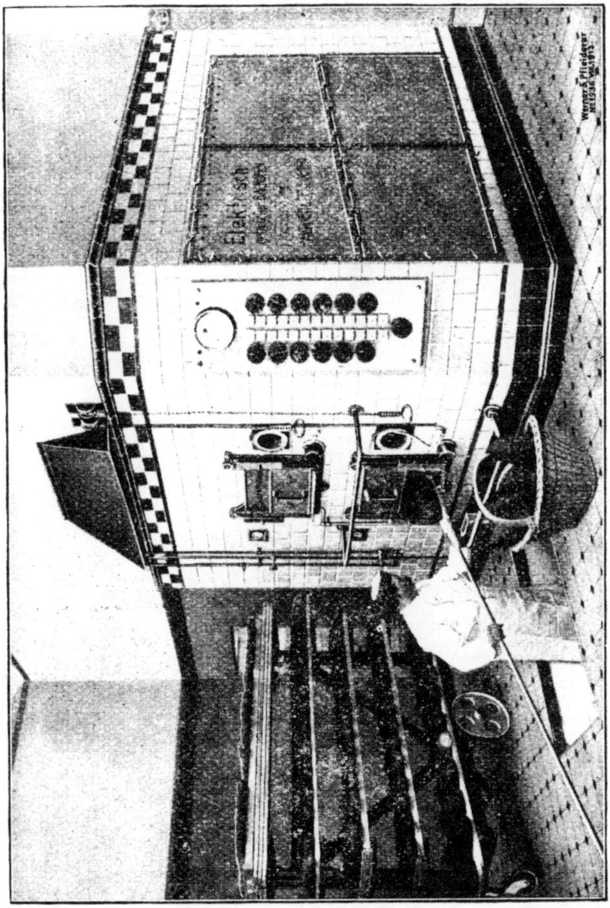

Abbildung 251: Zweideckeinschießofen mit elektrischer Beheizung, Werner & Pfleiderer, Cannstatt.

Im Anschluß hieran ist noch die Frage zu untersuchen, ob die Selbsterzeugung der elektrischen Energie, sei es durch eine kleine Wasserkraftanlage, oder durch eine Dieseldynamo, nicht etwa billiger zu stehen kommt. Nach Geist [1]) ist dies nicht lohnend, da der Gestehungspreis von 8 Pf. je kWh bei Selbsterzeugung für Großabnehmer in Nachtstrom auch wohl

[1]) E. T. Z. 1927, Heft 47.

von den Elektrizitätswerken und Ueberlandzentralen zugestanden werden kann.

Wir kommen nun zum konstruktiven Aufbau der elektrischen Backöfen.

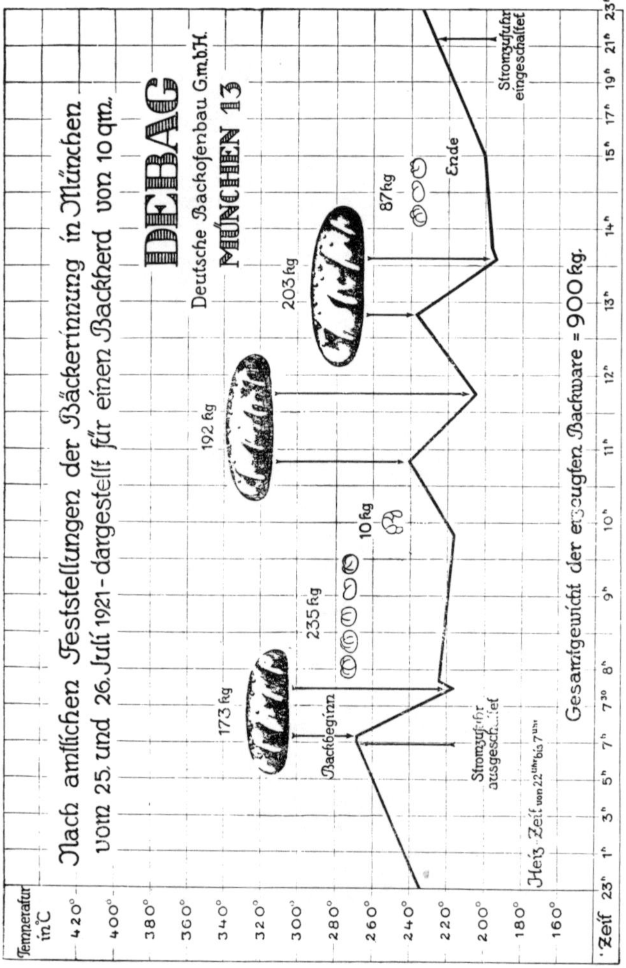

Temperatur im Backraum eines elektrischen Wärmespeicherbackofens „DEBAG-MÜNCHEN" während acht Backstunden ohne Stromzufuhr.

Abbildung 252.

b. Elektrisch beheizte Backöfen für Landbetriebe.

Bei den elektrischen Backöfen für Landbetrieb sind 3 Bauarten zu unterscheiden:

1. Tagesstromöfen (mit und ohne automatische Regulierung)
2. Verbundöfen,
3. Wärmespeicheröfen.

Elektrische Tagesstromöfen

sind elektrisch beheizte Öfen, die während des Backens, also bei Tag zu beheizen sind. Diese Öfen werden etwa ein bis zwei Stunden vor Backbeginn voll eingeschaltet. Nachdem die erforderliche Backtemperatur erreicht ist, wird mit geringer Energie weiter geheizt. Zu den Tagesstromöfen zählen auch die zumeist in der

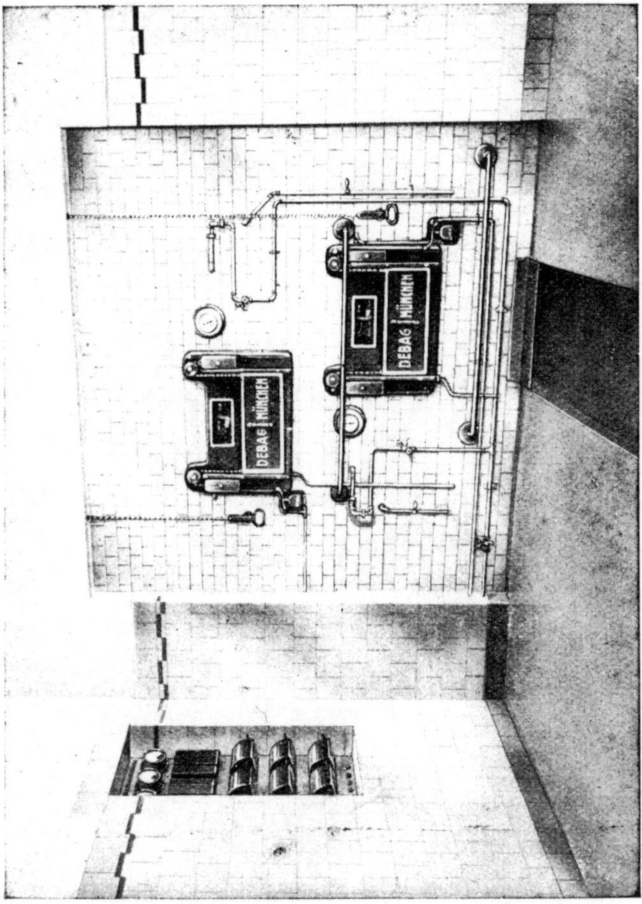

Abbildung 253: Elektrowärmespeicher Backofen der Debag, München.

Schweiz vorhandenen elektrisch beheizten Backöfen älterer Konstruktion. Diese Öfen gestatten nach dem Abschalten der Stromzufuhr noch ein Backen während weiterer ein bis zwei Stunden. Die Wärme für mehr als zwei Hitzen Gebäck zu speichern, ist bei diesen

Öfen nicht möglich. Für einfache Verhältnisse scheidet also diese Ofenart völlig aus. Nur in den wenigen Fällen, in welchen für den Bäckereibetrieb eigene Wasserkraft oder aus besonderen Rechten stammende elektrische Energie während des Tages zur Verfügung steht, ist die Aufstellung von Tagesstrom-Backöfen möglich und empfehlenswert.

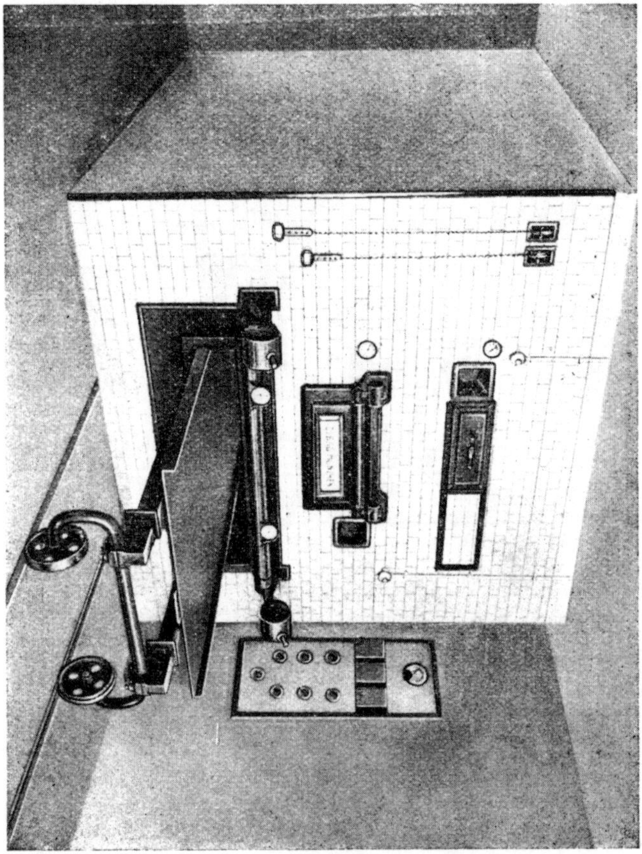

Abbildung 254: Elektrowärmespeicher Backofen der Debag, München mit einem Auszugsherde und 2 Einschießherden.

Abbildung 251 zeigt einen derartigen Backofen in der Ausführung als Zweideck-Einschießofen von Werner & Pfleiderer. Die Anordnung der Heizung ist ungefähr dieselbe, wie die Anordnung der Rohrreihen bei einem Dampfbackofen. Die Heizrahmen lassen sich nach Fortnehmen der an der rechten Wand befindlichen Verkleidung herausziehen, falls eine Prüfung oder ein Ersatz notwendig wird. An der Schalttafel befinden sich die Schalter und Sicherungen der einzelnen Stromkreise nebst einem Stromzeiger (Amperemeter) zur Betriebskontrolle. Die Tagesstromöfen zeichnen sich besonders durch ihre weitgehende Regulierfähigkeit aus.

Zu den Tagesstromöfen zählen auch die Industriebacköfen mit automatischer Temperaturregelung (Siehe Abschnitt III, die Keksindustrie).

Elektrische Verbund-Backöfen.

Die zweite Art bilden die Verbund-Backöfen, deshalb so genannt, weil in ihnen zwei verschiedene Ofenbauarten verbunden sind. In diese Gruppe fallen diejenigen Öfen, die außer mit elektrischer Energie auch noch mit festen Brennstoffen, mit Gas oder Oel beheizt werden können.

Es ist nun ohne weiteres möglich, zwei dieser Heizarten miteinander zu verbinden, wie dies auch bei Dampfbacköfen schon geschehen ist. Derartige Backöfen wurden vor vielen Jahren auch in der Schweiz erstellt, doch ist man nach kurzer Zeit von diesem System mehr und mehr wieder abgekommen. Es mag gewiß etwas Angenehmes für sich haben, wenn man die Möglichkeit besitzt, zwischen zwei verschiedenen Heizarten jeweils zu wählen. So wünschenswert eine solche Kombination auch für den Laien erscheinen mag, sind Verbund-Backöfen doch nicht zu empfehlen. Soll ein derartiger Backofen ausschließlich mit elektrischer Energie betrieben werden, so ist die Mitverwendung von Tagesstrom notwendig, wodurch der Betrieb, wie schon erklärt, unrentabel wird. Verbund-Backöfen arbeiten erfahrungsgemäß auch anderweitig viel zu unwirtschaftlich, und der durch die Kombination bedingte höhere Anschaffungspreis wird durch dabei erhoffte Vorteile in keiner Weise gerechtfertigt.

Elektrische Wärme-Speicher-Backöfen.

Aus der Tatsache, daß zur Beheizung der Backöfen praktisch nur Nachtstrom zur Verfügung steht, daß aber andererseits nur tagsüber gebacken werden darf, ergibt sich die Notwendigkeit, die nachts zugeführte Strommenge in irgend einer Form zu speichern, damit sie tagsüber als Wärme zum Backen nutzbar gemacht werden kann. Um dies zu erreichen, gibt es verschiedene Möglichkeiten. Die Aufspeicherung der elektrischen Energie selbst in Akkumulatoren stellt sich für das Backgewerbe in Anschaffung und Betrieb zu teuer und scheidet daher für die Praxis von vornherein aus. Eine andere Möglichkeit besteht darin, die elektrische Energie sofort in Wärme zu verwandeln und dann die Wärme zu speichern. Die Speicherung dieser Wärme in Flüssigkeiten, wie z. B. Wasser oder gereinigtem Petroleum, kommt wegen der hierbei notwendigerweise auftretenden Drucksteigerung und Zersetzungsgefahr für Backöfen aus Sicherheitsgründen nicht in Frage. Eine weitere Lösung ist die Speicherung der durch den elektrischen Strom erzeugten Wärme in einer festen Speichermasse.

Die Frage nach geeigneten Stoffen für die Speicherkörper ist keineswegs eine untergeordnete, da nur sachkundig ausgewähltes und richtig bemessenes Material Gewähr für die einwandfreie Funktion der Wärmespeicher-Backöfen leistet.

Die besondere Beschaffenheit des Wärmespeichermaterials, das von der Firma „Debag"-München nach langjährigen Versuchen als geeignet gefunden wurde, ermöglicht es, im Verein mit der übrigen Konstruktion, daß in den frühen Morgenstunden wie am Spätnachmittage ganz beliebig Klein- oder Großgebäck, Weiß- oder Schwarzbrot in jeder gewünschten Reihenfolge immer gleich einwandfrei, sichtig und schmackhaft ausschließlich mit dem Nachdruck aus den Wärmespeichern erbacken werden kann.

Die Beheizung des Wärmespeicher-Backofens erfolgt ausschließlich mit Nachtstrom. Tagsüber ist die Stromzufuhr vollständig abgestellt. Aus Abbildung 252 auf Seite 280, ist zu ersehen, daß der Ofen 10 bis 12 Stunden ohne Zusatzheizung benutzt werden kann.

Die Temperatur des Ofens nach dem Ausbacken von 900 kg Ware beträgt immer noch 200° C. Der Ofen ist also den ganzen Tag über verwendungsbereit und unabhängig von nicht zu vermeidenden zeitweisen Stromunterbrechungen, wenn diese nicht einige Nächte hindurch andauern.

Die Abbildungen 253 und 254 zeigen zwei mit allen modernen Armaturen ausgestattete Elektro-Wärmespeicher-Backöfen der „Debag"-München, einen Zweideck-Einschießofen und einen Kombinations-Auszugsofen. Die Widerstandsdrähte der Heizkörper haben nahezu unbegrenzte Lebensdauer. Die stromzuführenden Teile sind fest und dauerhaft verlegt und der zufälligen Berührung entzogen. Die Bedienung der Schalttafel ist so einfach, daß selbst Uneingeweihte ohne besondere Kenntnisse die Beheizung vornehmen können.

Elektro-Wärmespeicher-Backöfen werden in jeder gewünschten Ausführungsform geliefert.

Daß der Wärmespeicher-Ofen tatsächlich eine Zukunft hat, geht daraus hervor, daß einer der bedeutensten Konsumvereine Deutschlands, der zur Zeit eine völlig neue, nach den modernsten Grundsätzen der Fließarbeit angelegte Brotfabrik einrichtet, unter anderm auch einen elektrisch beheizten Tunnelbackofen zur Erzeugung von täglich bis zu 400 Zentner Schwarzbrot von der „Debag"-München aufstellen läßt. Dieser Riesenbackofen wird ausschließlich mit elektrischer Energie beheizt. Um sich ein Bild von den Ausmaßen dieses Ofens machen zu können, seien folgende Daten aufgeführt:

Die Gesamtlänge des Elektro-Tunnel-Backofens beträgt 34 Meter, bei einer Breite von 4½ Metern. Der Backofen bedeckt also eine Grundfläche von über 150 Quadratmeter. Zum Transport des aus München zu liefernden Spezialmaterials sind allein 30 Eisenbahnwaggons notwendig, und nach Angaben der Lieferfirma wird hiermit der größte Elektro-Wärmespeicher-Backofen der Welt erbaut.

Für den gleichen Auftraggeber wird auch ein elektrisch beheizter Konditor-Backofen mit einer Frontbreite von 7 Metern und einer Tiefe von 5 Metern geliefert.

Wir fassen die Hauptvorzüge des Elektro-Backofens nochmals in Folgendem zusammen:

Absolute Reinlichkeit, (keine Brennstofflager, keine Asche, kein Rauch, kein Ruß, kein Ofenreinigen, kein Beschmutzen).

Größte Bequemlichkeit, (keine Brennstofftransporte, kein Feueranmachen, kein Wegschaffen von Asche).

Gute Wirtschaftlichkeit, (keine Wärmeverluste durch den Kamin, keine ungleichmäßige Beschaffenheit des Brennstoffes).

Hygienischer Betrieb, (keine Luftverschlechterung durch Gas oder Staub).

Geringer Platzbedarf, (Fortfall des Heizraumes und des Kamines).

Gute Regulierbarkeit, (Getrennte Ober- und Unterhitze).

Gleichmäßige Wärmeverteilung im Backraume.

Guter Nachdruck, (kein Vorschuß- oder Nachschußbrot).

Geringe Unterhaltungskosten, (keine der Abnutzung stark unterworfene Feuerungsanlage).

c. Elektrisch beheizte Schiffsbacköfen.

Es gibt heute wohl kaum ein größeres Schiff, das nicht mit einer vollständigen Bäckereimaschinenanlage ausgerüstet wäre, wobei natürlich die Teigknetmaschine und der elektrische Backofen [1]) die Hauptrolle spielen.

Die beschränkten Raumverhältnisse gestatten es nicht, besonders große Öfen aufzustellen, denn die zur Verfügung stehende Raumhöhe beträgt in den meisten Fällen nicht mehr als 2 Meter, sodaß bei größerem Bedarfe besser mehrere Öfen nebeneinander aufgestellt werden.

Die Schiffsöfen sind meistens als Zweidecköfen mit ebenen Herden ausgeführt und erhalten häufig einen besonderen Gärraum ohne Heizung im unteren Ofenteile.

Bei einer Gesamtbackfläche von 1,7 m^2 können in 12 Arbeitsstunden etwa 600 kg Grau- oder Kommißbrot gebacken werden. Der Energieverbrauch beträgt ungefähr 20 kWh je 100 kg Brot, ohne Einrechnung des Verbrauches für die etwa 2 Stunden dauernde Anheizzeit.

Auf Abbildung 255 ist ein solcher Schiffsbackofen dargestellt, der in seiner äußeren Form unsern Konditoreiöfen nicht unähnlich sieht, aber auch im inneren Aufbau nicht stark davon abweicht. Die Wärmespeicherfähigkeit ist indessen nur gering. Die Gesamtbedienung erfolgt von der Vorderseite aus. Die mit Chamottesteinen ausgekleideten Backräume haben Klappschruften und teilweise auch ausziehbare Herde. Sind keine besonderen Beleuchtungsapparate vorhanden, so kann das Innere des Ofens durch eine Oeffnung hindurch mit Hilfe einer elektrischen Handlampe erleuchtet werden. Zur Temperaturmessung ist für jeden

[1]) In letzter Zeit hat sich auch der ölgeheizte Backofen auf Schiffen eingeführt.

Herd ein Pyrometer vorhanden. Zur Schwadenerzeugung hat jeder Herd einen Wasserleitungsanschluß und im Backraume eine Schwadenplatte. Beim Schwadengeben wird das Ventil nur so kurz geöffnet, daß durch den auf der Rückseite des Ofens befindlichen Abflußstutzen kein überflüssiges Wasser austritt. Sollten die

Abbildung 255: Elektrischer Zweideck-Schiffsbackofen, Haagen & Rinau, Bremen.

kleinen Löcher des Spritzrohres verstopft sein, was beim Gebrauche von kalkhaltigem Wasser wohl vorkommen kann, so sind die Spritzrohre auszuwechseln und so wieder einzusetzen, daß die Löcher vertikal nach unten stehen. Vorteilhaft ist es, das Wasser für die Schwadenleitung anzuwärmen. Die oberhalb der Herde sichtbaren Hebel bedienen die Drosselklappen des Schwadenabzuges. Die Schiffsbacköfen sind fast immer in Eisenkonstruktion mit Blechwänden ausgeführt, wobei auf gute Wärmeisolierung großer Wert gelegt wird.

Die Heizung der beiden Herde ist voneinander unabhängig. Zur Regulierung der Ober- und Unterhitze sind auf einer Schalttafel die zugehörigen Schalter und Sicherungen vereinigt. Abbildung 258 zeigt eine solche Schalttafel mit vollständig wasserdichten

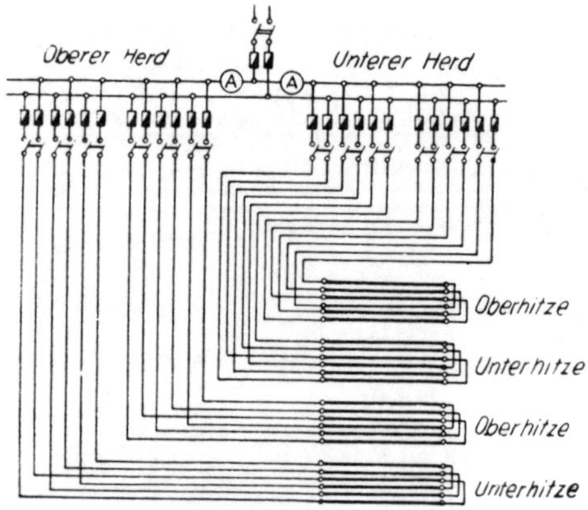

Abbildung 256: Schaltschema für einen elektrischen Schiffsbackofen.

Armaturen. Auch die links am Ofen sichtbaren Einführungskästen für die Stromzuführungskabel sind wasserdicht ausgeführt. Die Schaltung der Heizwiderstände geht aus Abbildung 256 hervor. Da der Strom beim Einschalten des kalten Ofens leicht den Normal-

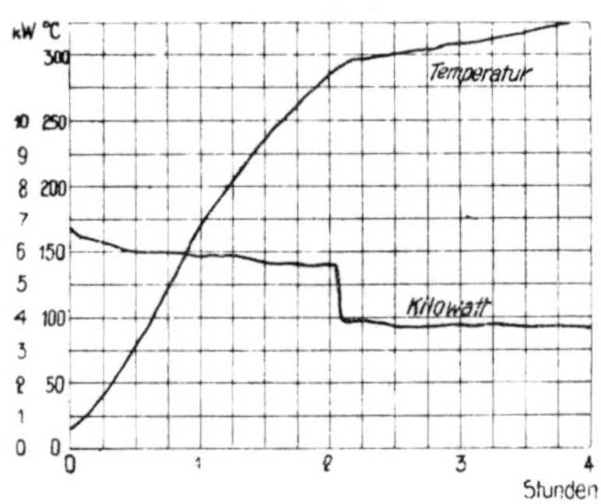

Abbildung 257: Anheizkurve für einen elektrischen Schiffsbackofen.

strom überschreitet, muß zum Schutze der Sicherungen das Anheizen zu Anfang stufenweise vorgenommen werden, obgleich die Gefahr einer Ueberlastung für die Heizelemente nicht besteht. Beim noch heißen Ofen können dagegen alle Stufen unbedenklich gleichzeitig eingeschaltet werden.

Hat der Ofen eine Temperatur von 295° C erreicht, so schaltet man $^1/_3$ der Heizung ab, denn die übrigen Heizkörper sind dann imstande, die Hitze zu halten. Die Schaulinien der Abbildungen 257 geben ein genaues Bild von den Anheizverhältnissen. Bei

Abbildung 258: Zwei Zweideckeinschießbacköfen „Elektro-Marin" Werner & Pfleiderer, Cannstatt.

fast konstanter Klemmenspannung sinkt der Strom nach dem Einschalten stetig, bis nach etwa 2 Stunden die Temperatur von 295° erreicht ist und der Strom infolge der Abschaltung zurückgeht. Der jetzt noch erfolgende Temperaturanstieg ist nur noch gering. Vom Einschalten bis zur Erreichung der Backhitze geht durch die sich steigernde Erwärmung der Heizwiderstände die Energieaufnahme um etwa 20 v. H. zurück. Die Heizelemente selbst bestehen aus Widerstandsmaterial (Chromnickel), das metallschlauchartig aufgewickelt ist.

Einen weiteren Schiffsbackofen zeigt Abbildung 258. Letzterer ist als Doppelofen auf dem Dampfer „Sierra Ventana" aufgestellt und besitzt keine eingebauten Gärschränke.

6. Nicht ortsfeste Öfen.

Die transportablen Öfen gehören den verschiedensten Bauarten an und dienen ebenso verschiedenen Zwecken. Der vielfach transportabel eingerichtete Konditorherd soll in diesem Zusammenhange nicht mit betrachtet werden.

Backofen von Dathis-Paris. Der auf Abbildung 259 dargestellte Ofen ist älterer Bauart und wird kaum den bescheidensten Ansprüchen genügen. Der Herd ruht auf vier Beinen und ist mit Rostfeuerung für Kohlenheizung versehen. Das Baumaterial ist Eisenblech. Die Backplatte wird indirekt geheizt, aber nur durch Unterhitze. Wegen der intensiven Heizung muß die Backware zur Vermeidung des Anbrennens in bestimmtem Abstande von der Backplatte auf Drahtkörbe gelegt werden. Zum Beschicken wird der ganze, den Backraum darstellende Deckel gehoben, wobei das Gewicht desselben durch ein Gegengewicht ausgeglichen ist. Schwadenapparat, Thermometer und elektrische Lampe sind direkt am Deckel angebaut.

Backofen von André. Der Backraum des gasgeheizten Ofens von runder Form ist von zwei eisernen Mänteln B und C umgeben, deren Zwischenraum mit Isoliermaterial gefüllt ist, um die Wärme besser zu halten. Abbildung 260. Der eigentliche Backraum (Abbildung 261) wird indirekt durch Heißluft geheizt, die durch ein doppeltes Kanalsystem geleitet wird. (Abbildung 262). Die von dem ringförmigen Doppelbrenner I erzeugten Heizgase durchlaufen zunächst labyrinthartig das den Backraum direkt umgebende Kanalsystem, treten dann in der Mitte in das aussenseitige Kanalsystem über und gelangen abermals durch ein Labyrinth in den unteren Ofenteil und entweichen dann durch die Abzugsrohre E. Die weitere Einrichtung läßt sich aus den Abbildungen leicht erkennen. Der Ofen zeichnet sich aus durch schnelles Anheizen und durch gute Regulierfähigkeit. Ist Gasanschluß vorhanden, so sind zur Aufstellung des Ofens keinerlei besondere Umstände nötig, da die Abgase direkt in irgend einen vorhandenen Kamin geleitet werden können.

Abbildung 259: Transportabler Backofen für Kohlenheizung.

F a h r b a r e F e l d b ä c k e r e i e n. Einen direkt mit Steinkohlen geheizten, fahrbaren Zweideckofen zeigt Abbildung 263 im Schnitte. Die Backplatten sind ausziehbar eingerichtet. Die Wärme der abziehenden Heizgase wird schnell an die Blechwände der Backräume abgegeben, sodaß auch bei diesem Ofen eine kurze Anheizzeit erreicht wird.

Einen ähnlichen fahrbaren Ofen gibt Abbildung 264 wieder. Hierbei ist die Feuerung nicht unterhalb des Ofens angeordnet, sondern innerhalb desselben. Die Heizung erfolgt indirekt durch Wasserheizungsröhren. Die Sohle und Decke des Backraumes bestehen aus Aluminiumblech, um möglichst geringe Gewichte zu erhalten.

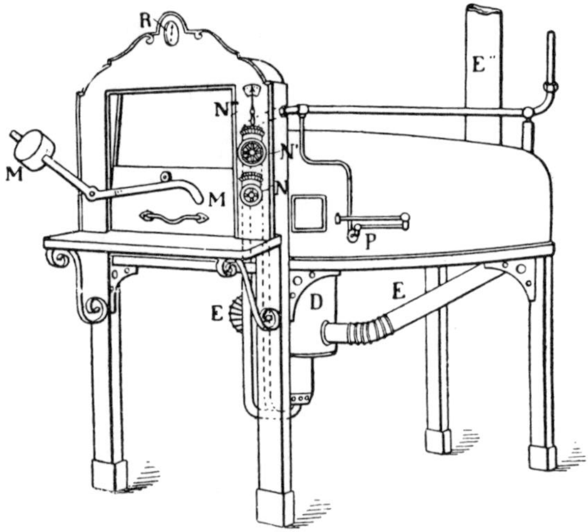

Abbildung 260: Transportabler Gasbackofen von André.

L a n d b a ck o f e n. Sehr oft findet man Öfen einfachster Konstruktion, wie z. B. Abbildung 265, welche zerlegbar eingerichtet sind. Sie werden über einer passenden Grube errichtet und mit einem Erdwalle umgeben. Der abgebildete Ofen hat drei getrennte Backräume.

S chi ff sba ckof en „M a r i n". Auf Schiffen benutzt man öfter transportable Öfen, wie auf Abbildung 266 dargestellt. Der Ofen ist als Zweideck-Einschießofen ausgebildet und mit Dampfröhrenheizung bei seitlicher Anordnung der Kohlenfeuerung versehen.

H a u s b a ck ö f e n. Diese Öfen werden gewöhnlich ein- oder zweiherdig (Abbildung 267) hergestellt. Man stellt sie in der Nähe des Kamins auf und verbindet das Rauchabzugsrohr mit dem Kamin. Durch einen Schieber kann der Zug nach Bedarf geregelt werden. Als Brennmaterial gelangt ausschließlich Holz zur Verwendung. Bei den 2-herdigen Öfen wird das Feuer im unteren Backraume angemacht. Die Menge des Holzes ergibt sich bald nach einigen Backproben. Man teilt diese Holzmenge in zwei Teile und bringt zunächst einen Teil von hinten bis zur Mitte des Herdes in Brand. Nachdem das Holz so ziemlich niedergebrannt ist, zieht man die ganze Glut mit einem Kratzeisen nach vorn und legt den zweiten Teil Holz auf die

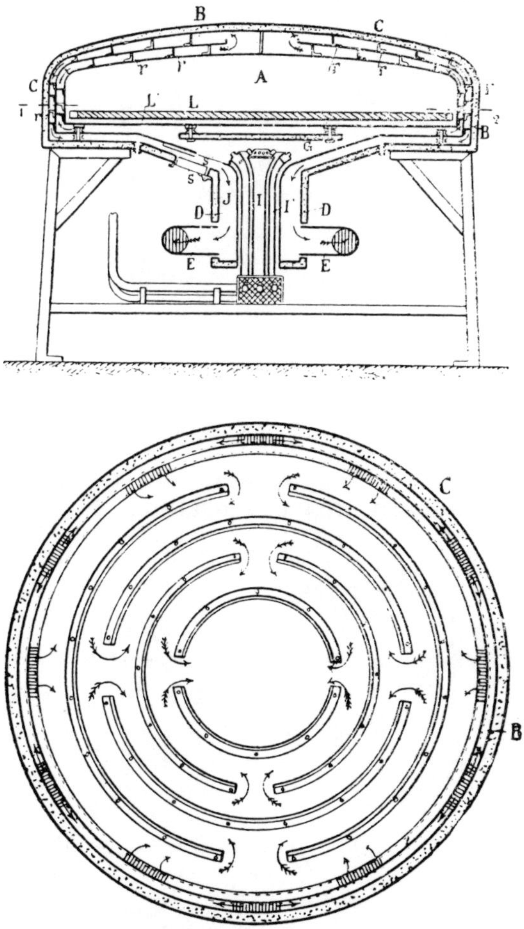

Abbildung 261 u. 262: Gasbackofen von André. Schnitt und Grundriß

glühenden Kohlen. Während der Verbrennung muß die untere Tür offen, die obere aber geschlossen gehalten werden. Vor dem Backen werden die Herdplatten abgefegt und nach dem Beschicken die Türen und der Rauchschieber fest verschlossen.

Da die Backräume mit Chamottematerial ausgekleidet sind, geben die Öfen eine schöne, gleichmäßige Hitze, und sind daher vorzüglich zum Backen von Brot, Semmeln und Kuchen geeignet, werden aber auch zum Obstdörren benutzt.

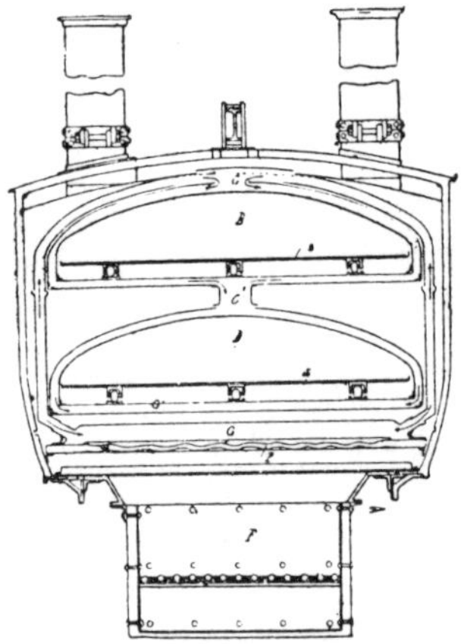

Abbildung 263: Feldbäckereiofen.

Die Hausbacköfen werden hauptsächlich auf Gehöften und Gütern, sowie Anstalten, Sanatorien usw. aufgestellt.

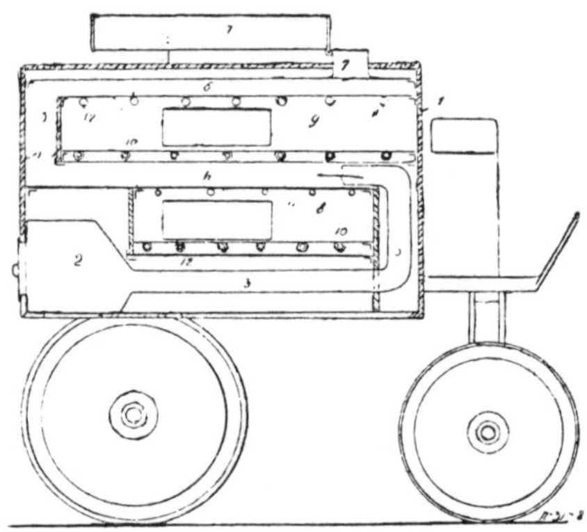

Abbildung 264: Feldbäckereiofen,

7. Automatische Backöfen.

Während in der Biskuitfabrikation der automatische Backofen mit Wanderherd bereits seit längerer Zeit eingeführt war, wurde in der Großbäckerei in der

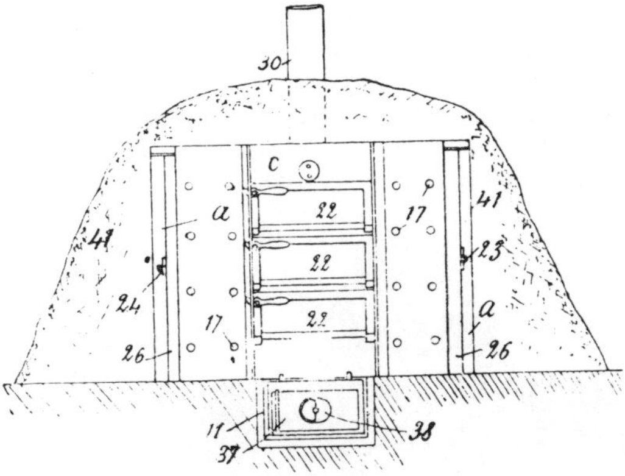

Abbildung 265: Landbackofen.

Abbildung 266: Schiffsbackofen „Marin“ für Kohlenheizung, Werner & Pfleiderer, Cannstatt.

Hauptsache noch mit Auszugsherden gearbeitet. Der automatische Ofen kam verhältnismäßig erst viel später in die Großbäckerei. Die bekannten Gehänge-Backöfen waren so ausgebildet, daß die auf der einen Seite des Lattenherdes aufgesetzten Teigstücke den ganzen Ofen durchlaufen mußten, um nach dem Fertig-

Abbildung 267: Hausbackofen der Senkingwerke, Hildesheim.

backen auf der anderen Seite abgenommen zu werden. Der Nachteil, der diesen Öfen anhaftet, ist der, daß erstens der leere Herd unausgenutzt den Rückweg durch den Ofen nehmen muß, und andererseits durch den beiderseits offenen Ofen viel Schwaden entweicht.

Abbildung 268: Automatischer Brotofen „Goliath“ mit Gasheizung.
Pelkman Brs. London.

Die riesigen Ausmaße derartiger Öfen zeigt die Abbildung 268. Der dargestellte Ofen ist mit Gasheizung in zwei Reihen versehen, und wird im Auslande viel benutzt.

Die deutschen Konstrukteure haben den Nachteil dieser Öfen dadurch beseitigt, daß Aufgabe und Abgabe am selben Ofenende liegen und daß das hintere Ofenende somit vollkommen geschlossen ist.

Wie aus Abbildung 269 zu ersehen ist, läuft die

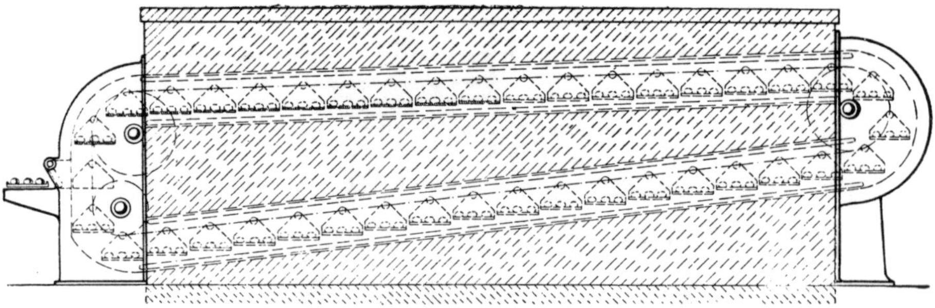

Abbildung 269: Automatischer Backofen „Auto", Werner & Pfleiderer, Schnitt.

Backware im Ofen hin und zurück, so daß derselbe nur halb so lang zu sein braucht als früher. Dementsprechend sind auch zwei Backräume, ein oberer und ein unterer vorhanden. Die die Backplatten tragenden Gehänge werden von zwei endlosen Ketten langsam durch den Ofen bewegt. Bei dieser Konstruktion braucht die Ofentür nur so lange geöffnet zu sein, bis die neuen Backplatten eingeschoben sind, wozu einige Sekunden genügen. Der natürliche Schwaden entweicht so nur zu einem geringen Teile. Im übrigen genügt die natürliche Schwadenbildung während des Betriebes vollkommen, um der Backware ein schönes Aussehen zu geben. Künstlicher Schwaden ist nur bei der Inbetriebsetzung des Ofens notwendig.

Der auf Abbildung 270 dargestellte automatische kontinuierlich arbeitende Dampfbackofen „Auto", Werner & Pfleiderer, Cannstatt, ist hauptsächlich für die Herstellung großer Mengen von Weißwaren geeignet. Aus dem Bilde erkennt man, wie die Teigstücke auf die Backplatte geschoben werden, und wie die fertige Ware auf der linken Seite abgestreift wird und in den Korb fällt. Das Kippen der Gehänge erfolgt selbsttätig. Die Leistung des Ofens beträgt bei einer Backplattengröße von 2,5 × 0,37 m in der Stunde 15000 Stück Weißbrötchen. Unter Benutzung eines Aufsetzapparates sind zur Bedienung nur zwei Mann erforderlich. Der Ofen ist bei 5 Meter Breite etwa 10 m lang

Abbildung 270: Automatischer Backofen „Auto“, mit Absetzvorrichtung.

Der automatische Backofen „Brema", von Haagen & Rinau, Berlin, (Abbildung 271), gestattet eine volle Anpassung an die Eigenarten des Backprozesses und eignet sich für die nachstehend angegebenen Waren:

Abbildung 271: Automatischer Backofen „Brema", Haagen & Rinau.

1. Weißgebäck aller Art,
2. Großgebäcke, wie Weißbrote, Kastenbrote, Stollen,
3. Großgebäcke, bis zu 50 v. H. mit Roggenmehl gemischt,

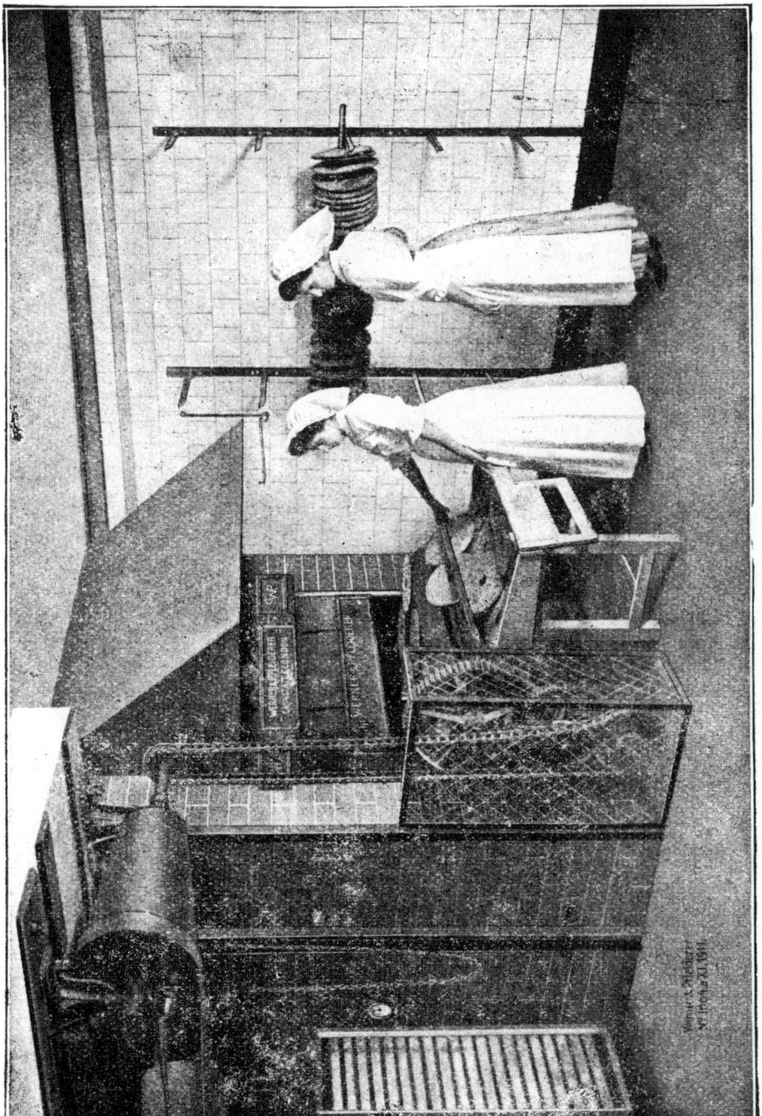

Abbildung 272 Jalousie-Dampfbackofen für Knäkkebrot. Ansicht der Austrittsseite.

4. Sämtliche Kuchen und Keksgebäcke, die auf Blechen gebacken werden,
5. Alle Konditorwaren, ganz gleich, ob auf Blechen oder auf den Herden gebacken.

Die Backplatten dieses Ofens werden in ein oder mehreren Umgängen durch den Ofen geführt.

Die Umlaufzeit einer Backplatte ist von 9 bis 45 Minuten in einem Umgange regulierbar. Die Grob-

Abbildung 273: Automatischer Gärbackofen für Kastenbrote. Ansicht der Aufgabeseite.

regulierung der Umlaufszeit erfolgt durch drei Stufenscheiben, die Feinregulierung durch konische Riemenscheiben. Die Umlaufszeit kann bis auf Sekunden genau von dem am Backofen angebrachten Backzeitanzeiger ohne weiteres abgelesen werden.

Am Ofen ist ferner eine thermoelektrische Temperaturmeßanlage angebracht, die ein Ablesen der Backtemperaturen an sechs Hauptstellen des Ofens gestattet. Am Bäckerstande befindet sich außerdem noch ein automatischer Backplattenanzeiger. Durch einfaches Betrachten der drei Feinmeßinstrumente:

1. Backzeitanzeiger,
2. Temperaturanzeiger,
3. Backplattenanzeiger

ist der bedienende Bäcker in der Lage den Backprozeß ohne große Ueberlegungen durchzuführen.

Die Backplatten bewegen sich beim Umlauf durch den Ofen im Schritte, d. h. Ruhestellung und Wandern der Backplatten wechseln zwangläufig gesteuert ab.

Zur Beschickung und Entleerung werden die Backplatten durch eine stoßfrei arbeitende Aus- und Einschiebvorrichtung von den Transportketten ab- und angehängt und automatisch in den Ofen ein- und ausgefahren. Während der Beschickung liegt die Backplatte vollkommen frei vor dem Backofen und kann hier von Hand oder mit einem Aufsetzapparate besetzt werden. Durch das Freiliegen der Backplatten wird der Vielseitigkeit der Bäckereien in größtem Maße Rechnung getragen. Zu dem Ofen kann ein besonderer Aufsetzapparat geliefert werden, der abnehmbar am Ofen angeordnet ist, andernfalls wird die Backware mit sogenannten Kippkästen auf die frei vor dem Ofen liegende Backplatte gelegt.

Die Entleerung der Backplatten erfolgt bei unempfindlicher Backware durch einfaches Umkippen der Backplatten, wodurch die Ware stoßfrei in vor dem Ofen aufgestellte Backkörbe oder Backbretter gleitet. Das Umkippen der Backplatten zur Entleerung erfolgt selbsttätig. Bei Großgebäck und empfindlichen Backwaren kann die selbsttätige Kippvorrichtung durch einen einfachen Handgriff abgeschaltet werden. Bei diesen Backwaren erfolgt die Entleerung der Backplatte alsdann durch Fortnehmen von Hand.

Die schrittweise Bewegung der Backplatten wird durch eine absolut stoßfrei von einer Kurbelstange angetriebenen Schubstange erreicht. Durch diese Vorrichtung ist die Gewähr gegeben, daß alle Konditorware in dem Ofen gebacken werden kann.

Die Beheizung erfolgt durch Dampfröhren aus Stahl. Der Ofen erhält, wenn es die Platzverhältnisse gestatten, eine Haupt- und eine Nebenfeuerung. Durch die Hauptfeuerung wird der Backofen vollkommen gleichmäßig beheizt. Gewisse Großgebäcke erfordern jedoch, daß der Backprozeß in verschieden beheizten

Abbildung 274: Automatischer Gärbackofen. Ansicht der Abgabeseite.

Zonen durchgeführt wird. Die verschiedenen Zonen werden mit Hilfe der Nebenfeuerungsanlage erreicht. Sie dient dann als Zusatzheizung für die obere Zone des Backofens. Diese neuartige Beheizung gewährleistet also eine gute Anpassung des Heizprozesses an die Eigenheit der Backware.

Die Durchgänge für die Backwaren durch die sich selbsttätig öffnenden und schließenden Türen und durch

Abbildung 275: Zwei automatische Gärbacköfen. Der eine mit flachen Schaukeln für freigeschobene Brote, der andere für Kastenbrote.

den Ofenraum sind so hoch gehalten, daß selbst die höchste Backware frei im Ofen umlaufen kann.

Der zum Schwadengeben erforderliche Dampf kann jeder beliebigen vorhandenen Dampfkesselanlage entnommen werden. Ist eine solche nicht vorhanden, so muß ein besonderer Strebelkessel (Schwadenkessel) aufgestellt werden.

Ein weiterer automatisch arbeitender Backofen ist

Abbildung 276: Gesamtansicht eines automatischen Gärbackofens.

der Kettenofen, der hauptsächlich in der Biskuit- und Keksfabrikation (siehe daselbst) gebraucht wird und für Brot- und Weißwarenbäckerei nicht in Frage kommt, mit einer Ausnahme. Es ist dies der in den nordischen Ländern zur Herstellung von „Knäkke“ oder „Spieß“-Brot benutzte Jalousieofen. Er ist genau so gebaut wie der Kettenbackofen, nur mit dem Unter-

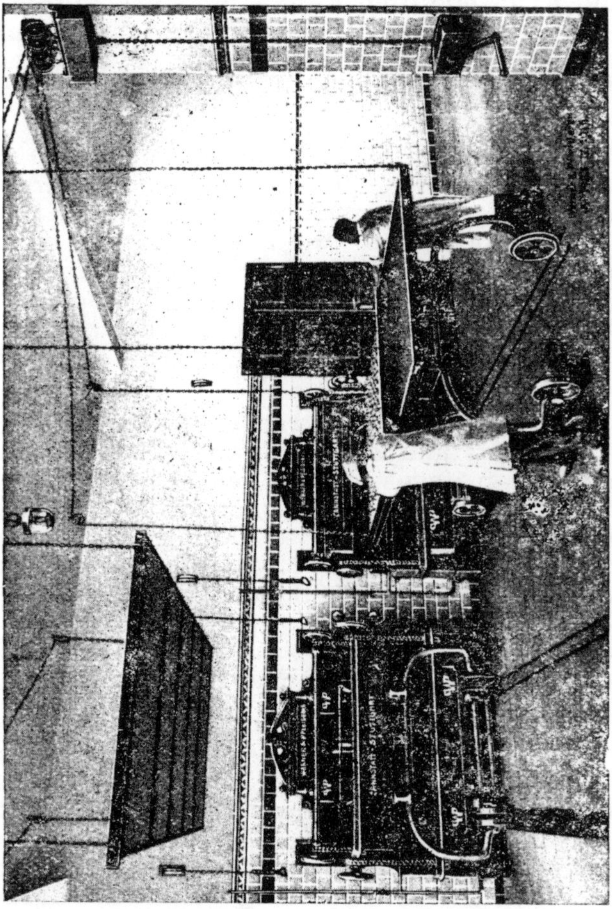

Abbildung 277: Aufsetzapparat für Brötchen.

schiede, daß auf die Ketten Eisenlatten aufgeschraubt sind, die sich mit den Ketten fortbewegen. Auf die durch die nebeneinander liegenden Latten entstandene Jalousie wird die Backware direkt aufgelegt. Abbildung 272, Seite 301.

Ein automatisch arbeitender Backofen, der die Handarbeit bei der Brotherstellung noch wesentlich vermindert, ist der Gärbackofen. Die von der Teigwirkmaschine ausgelieferten Stücke werden sofort an den Gärbackofen abgegeben. Da die Formen bezw. die Auflageflächen des Ofens automatisch beschickt werden, fallen vor allen Dingen die sperrigen Gärständer fort. Die aufgegebenen Teigstücke wandern in Gehängen an endlosen Ketten zunächst in den Gärraum. Dieser ist mit Glasfenstern versehen, damit der Gärprozeß überwacht werden kann. Die Temperatur des Gärraumes läßt sich durch Thermometer kontrollieren.

Vom Gärraum gelangen die Schaukeln in den eigentlichen Backofen, der im Inneren mit wärmespeicherndem Material ausgekleidet und meist für Gasheizung eingerichtet ist. Die Temperatur des Backofens läßt sich an vielen Stellen an den Pyrometern ablesen. Die Umlaufszeit kann durch einen Regulator zwischen 10 und 60 Minuten Backzeit, oder in einem ganzzahligen Vielfachen dieser Zeiten (z. B. 20—120) eingestellt werden.

An der Ausgabeseite werden die Schaukeln automatisch entleert und wandern dann weiter in den Vorwärmeraum, in dem sie erhitzt werden, bevor die Neufüllung mit angegärten Teigstücken erfolgt. Bei Kastenbrotöfen werden die entleerten Formen dagegen einem Kühlraume zugeführt, in welchem die von den Formen abgegebene Hitze an den Boden des Backofens abgegeben wird. Sobald die Formen den Kühlraum verlassen haben, werden sie vor dem Ankommen beim Gärraume selbsttätig mit Oel abgespritzt.

Abbildung 273 (Seite 302) zeigt die Aufgabeseite eines Gärbackofens für Kastenbrote. Abbildung 274 (Seite 304) die Abgabeseite. Die fertigen Brote werden selbsttätig abgekippt und durch Wagen weiter transportiert. Abbildung 275 (Seite 305) zeigt zwei Öfen. Der linke Ofen ist mit flachen Schaukeln für freigeschobenes Brot, der rechtsseitige für Kastenbrot eingerichtet. Die Gesamtansicht eines derartigen Gärbackofens zeigt Abbildung 276 (Seite 306). Der Platzbedarf der Gärbacköfen ist gering. Bei gleicher Stundenleistung wie sechs Doppelauszugsöfen nimmt der Gärbackofen nur eine Grundfläche von zwei Doppelauszugsöfen ein.

Die hauptsächlich in England weit verbreiteten Gärbacköfen werden für Leistungen von 200 bis zu 4000 Broten je Stunde hergestellt. (Pelkman Brs., London.)

Abbildung 278: Rahmen-Aufsetzapparat für Brötchen.

8. Nebeneinrichtungen.

Auf- und Absetzapparate.

Während bei kleineren Betrieben die Teigstücke vom Gärständer entnommen und von Hand auf die Herdplatte des Auszugsofens gelegt werden, sind im Großbetriebe sogenannte Aufsetzapparate in Gebrauch, die eine wesentliche Zeitersparnis ergeben. Sie werden für Brötchen wie auch für Brot angewandt. Sie haben einen doppelten Zweck, einmal die Teigstücke gleichmäßig auf der Herdplatte zu verteilen und ferner den Arbeitsgang zu beschleunigen

Einen viel benutzten Aufsetzapparat für kleine Brötchen zeigt Abbildung 277 auf Seite 307. Ein Rahmen von der Größe des Backherdes ist an Ketten aufgehängt und durch ein Gegengewicht ausbalanziert. Er läßt sich mit Hilfe einer Winde bis über den ausgezogenen Herd herablassen. Auf ein zwischen dem Rahmen laufendes endloses Tuch wird die Backware aufgelegt und legt sich beim Einschieben des Herdes, infolge Abrollens des Tuches auf die Herdplatte. In

Ruhestellung wird der Apparat hochgezogen, wie beim linken Ofen der Abbildung zu erkennen ist.

Eine andere Ausführung, ebenfalls für kleine Brötchen ist der Rahmenaufsetzapparat nach Abbildung 278 auf Seite 309. Ein Holzrahmen, der gerade auf die beiden Längsränder der Herdplatte paßt, hat eine Länge von $^1/_3$ der ganzen Platte. Im Inneren befinden sich in Achsen drehbare, mit Stoff ausgekleidete Holzrinnen, in denen die Teigstücke liegen und dann gemeinsam durch eine Kurbel alle gleichzeitig umgekippt werden können, sodaß die Stücke sich auf den Herd legen. Die Rahmen lassen sich vermöge der beiden Handgriffe von zwei Personen leicht transportieren und können auch satzweise übereinander gestellt werden, wobei der oberste Rahmen durch passende Bretter abgedeckt wird. Diese Rahmensätze werden auf kleine Plateauwagen gesetzt und ersetzen auf diese Weise die Gärständer. Auf der Abbildung ist ein derartiger Wagen zu sehen, der die Rahmen zur Beschickung der unteren Herdplatte enthält. Beim oberen Herde ist das rechte Drittel bereits fertig besetzt, in der Mitte werden die Rinnen gerade gekippt, während der linke Rahmen noch gefüllt ist.

Der Aufsetzapparat für Großbrot ist im Prinzip genau so konstruiert, wie der Rahmen-Brötchenaufsetzapparat, nur mit dem Unterschiede, daß anstelle der Kipprinnen in Achsen gelagerte Backschüsseln treten. Durch Vorziehen einer Schiene werden alle Schüsseln, deren jeder Rahmen 8 Stück enthält, gemeinsam umgekippt, und die Backware legt sich auf den Herd. Durch Anwendung von Aufsetzapparaten ist das Berühren der Teigstücke von Hand noch weiter vermindert.

Die Absetzeinrichtungen haben den Zweck, das vom Ofen ausgelieferte Brot dem Kühlraum oder dem Versandraum zuzuführen. Sie bestehen meist aus einem kurzen, endlosen Rollbande oder einer Rollgräting von der die fertige Ware an ein weiteres Förderband abgegeben wird.